图解 篮球个人技术：投篮训练80项

李成名 杜祥 编著

人 民 邮 电 出 版 社

北 京

图书在版编目（CIP）数据

图解篮球个人技术 : 投篮训练80项 / 李成名，杜祥编著. -- 北京 : 人民邮电出版社，2021.4（2023.4重印）
ISBN 978-7-115-54712-5

Ⅰ. ①图… Ⅱ. ①李… ②杜… Ⅲ. ①篮球运动－运动技术－图解 Ⅳ. ①G841.19-64

中国版本图书馆CIP数据核字(2020)第160430号

内容提要

本书分4章介绍了篮球投篮的专业知识和技术。第1章讲解了投篮的方法，使初学者对投篮有一个基本认识。后3章从易到难介绍投篮技术——投篮的基础技术、投篮的中级技术和投篮的高级技术。全书采用高清的动作步骤图片，从连贯动作到局部细节，从篮球的运动轨迹到球员的动作方向，全方位讲解了关键技术动作。读者通过阅读本书可以迅速了解投篮的基础知识和训练技巧，按书中介绍的方法训练可有效提升投篮技术。本书适合各水平的篮球爱好者阅读。

◆ 编　著　李成名　杜　祥
责任编辑　裴　倩
责任印制　马振武
◆ 人民邮电出版社出版发行　北京市丰台区成寿寺路11号
邮编　100164　电子邮件　315@ptpress.com.cn
网址　https://www.ptpress.com.cn
固安县铭成印刷有限公司印刷
◆ 开本：700×1000　1/16
印张：9　2021年4月第1版
字数：288千字　2023年4月河北第9次印刷

定价：58.00元

读者服务热线：(010)81055296　印装质量热线：(010)81055316
反盗版热线：(010)81055315
广告经营许可证：京东市监广登字20170147号

作者简介

李成名

毕业于北京体育大学篮球训练专业，欧帝体育联合创始人、CEO。国家二级篮球运动员，中国篮协高级教练员，北京市篮协 A 级教练员，国家级篮球裁判，执裁于全国男子 NBL 联赛和全国女子 WCBA 联赛。国内首批篮球训练师，曾担任五方特训中心特训部主管，训练过刘晓宇、韩硕、高颂、王子瑞等知名男、女篮国家队选手及 CBA 联赛球员。另有 NSCA-CSCS 及 FMS 功能动作筛查认证。

杜祥

毕业于北京体育大学篮球训练专业，欧帝体育联合创始人、教学总监。国家一级篮球运动员，曾入选黑龙江省青年篮球队成员，并先后效力于 NBL 联赛郑州大运队、拉萨净土队和北京东方雄鹿队。中国篮协高级教练员，北京市篮协 A 级教练员，李宁篮球学院青训师，职业篮球特训师，曾带领欧帝青少年篮球俱乐部队伍（U10 及 U12）多次获得小篮球联赛分区赛冠军及北京市小篮球联赛总决赛季军。

在线视频访问说明

本书提供部分投篮训练视频，您可以通过微信中“扫一扫”的功能，扫描书中的二维码进行观看。

步骤1：点击微信聊天界面右上角的“+”，弹出功能菜单（如图 1所示）。

步骤2：点击弹出的功能菜单中的“扫一扫”进入功能界面，扫描书中的二维码。

步骤3：如果您未关注“人邮体育”微信公众号，在第一次扫描后会出现“人邮体育”的二维码（如图 2 所示）。关注“人邮体育”微信公众号之后，点击“资源详情”（如图3所示）即可观看视频。

如果您已经关注了“人邮体育”微信公众号，扫描后可以直接观看视频。

图1

图2

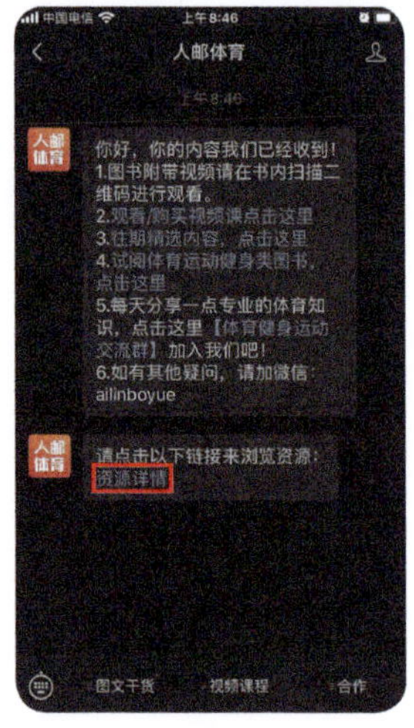

图3

注：本书提供的视频仅供参考，并不与书中内容完全配套。若视频示范与本书内容有出入，并不代表视频或本书内容有误，只是提供了不同的练习方法。请读者根据实际情况自行选择进行训练。

目录 CONTENTS

第 1 章　投篮技术概述

第 2 章　投篮的基础技术

第 3 章　投篮的中级技术

第 4 章　投篮的高级技术

第 1 章
投篮技术概述

篮球运动是当今世界上发展最快的球类运动之一。在其发展过程中，技术得到不断提升，投篮的方法也在不断改进、丰富和发展，投篮的命中率也越来越高。技术的进步，使篮球运动水平得到提升。

投篮的方法

篮球中的投篮得分，是比赛得分的唯一手段，因此投篮技术是非常重要的。投篮时投篮手将篮球掷向篮筐，投中即得分。篮球训练中应把投篮练习设置为重要练习。

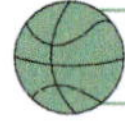

投篮的轨迹

在篮球训练中，投篮时需要注意篮筐的高度。要做到双手持球支撑篮球，手肘弯曲，起跳的同时伸直手臂，用力向篮筐上方投出篮球。

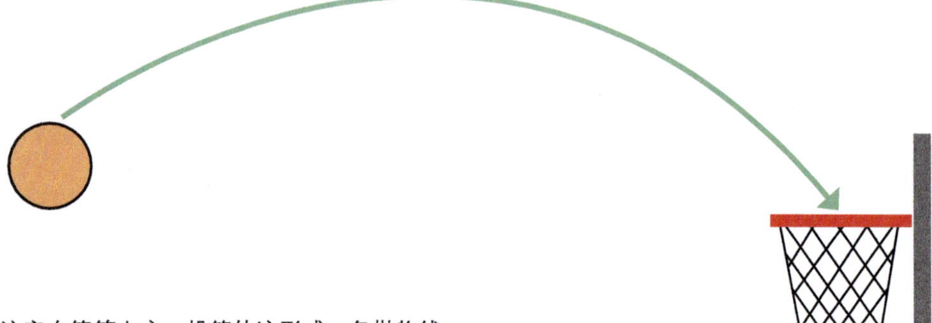

▲ 要注意在篮筐上方，投篮轨迹形成一条抛物线。

手指触球

无论是单手投篮，还是双手投篮，持球时均应是五指自然打开，手指触球，掌心离空。

眼睛注视篮筐

投篮时要特别注意的是看清篮筐的位置。如果仅确定篮筐的大致位置，投篮的命中率必然不高。所以需要一直注视着篮筐投篮。

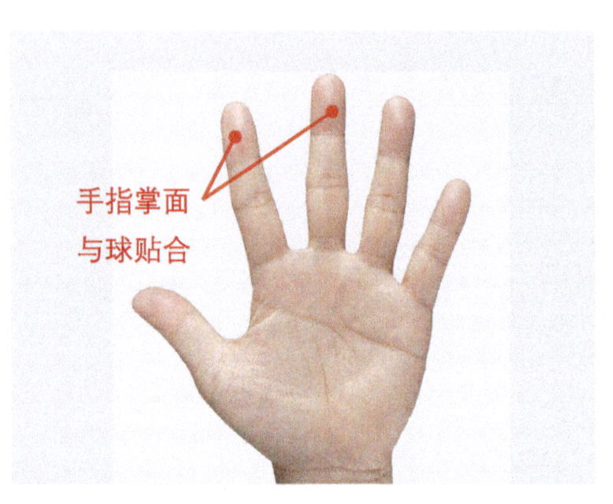

投篮的要点

掌握不同的投篮姿势，可以应对比赛场上的各种情况，减少投篮失误。除此之外，还需要了解投篮时的注意事项，提高命中率。

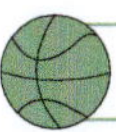

不同的投篮姿势

跳投

跳投是各种投篮姿势中较为常用的一种。在跳投时，要注意姿势正确。

投篮时身体面向篮筐，在脑海中想象出篮球到篮筐之间的抛物线。

投篮时，借助指尖，使篮球以一定速度下旋，并对投篮距离进行略微调整，使篮球轨迹呈抛物线。

另外，在跳投时，步法也是需要特别重视的。投篮的瞬间，通过指尖用力的情况虽然可以微调篮球的运动轨迹，但腿部的力量才是决定能否将球投掷得够远的关键。

上篮

上篮一般特指在篮筐下的区域直接投篮。由于离篮筐近，篮球进筐的概率也会大大提高。上篮在快速进攻中经常用到。

勾手投篮

勾手投篮一般是侧向投篮，在遇到身材较高的防守球员拦截时，可使用勾手投篮提高命中率。注意，单脚起跳时要保持身体稳定。

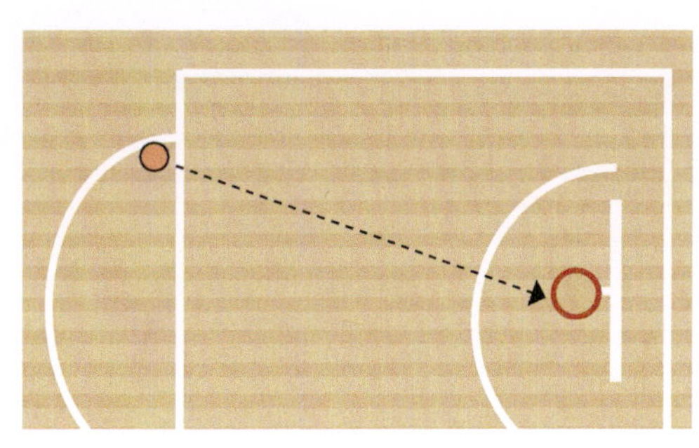

投篮的注意事项

培养对球的触感，对于提高命中率十分有效。每个人对球都有自己的触感，球怎么转动、要保持什么速度，只有自己多多进行练习，才能找到最好的感觉。

第 2 章
投篮的基础技术

投篮得分是篮球比赛唯一的得分手段，因此投篮技术就显得非常重要。首先进行投篮的基础技术练习可以锻炼球感和投篮的基础动作，为进一步提升篮球技术打下良好的基础。

练习
01

跳投标准姿势

扫描二维码
看动作视频

重要度 ★★★★

难度水平 ★

场地 不限场地

1

侧视
大于 90 度。
辅助手不发力，只起到辅助支撑作用。
注意投篮手的肘部不要过于向外，手腕要在投篮抛物线上。
篮球不要遮挡视线。
2

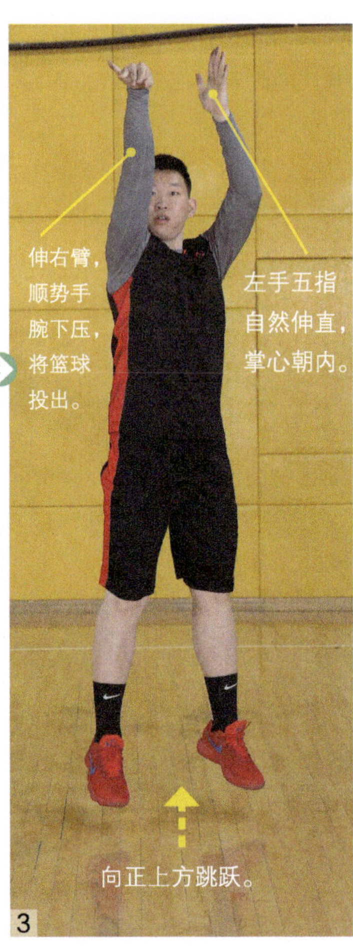
伸右臂，顺势手腕下压，将篮球投出。
左手五指自然伸直，掌心朝内。
向正上方跳跃。
3

技术解说

比赛中，跳投使用的频率较高。球员首先分开双脚，两脚之间的距离与肩同宽或略宽于肩，右手掌心朝上托住篮球，左手掌心朝内支撑篮球，将篮球置于头顶位置。接着双脚向正上方跳起，同时伸右臂，借势手腕下压将篮球投出。注意投球时身体不要晃动，要在脑海中始终想象出投篮抛物线，使篮球沿着抛物线投向篮筐。

练习
02

双手投篮（8岁以下）

扫描二维码
看动作视频

重要度 ★★

难度水平 ★

场地 不限场地

双手持球，
指尖朝上。
手腕微屈
持球。
双脚面向篮筐方向。
1

双臂向上伸
直，顺势手
腕下压将球
投出。
手臂随动，
双手掌心
朝外翻。
2

技术解说

双手投篮是指双手一起用力投篮。球员首先双脚分开，两脚之间的距离与肩同宽或略宽于肩，双手掌心相对持球，将篮球置于体前。接着双臂向上伸直，将球举过头顶，并顺势投出篮球，投出篮球后双臂仍保持上举姿势。

教练提示

双手投篮经常被女性球员与年龄较小的球员使用，与跳投相同，投球时身体正对篮筐，利用手腕使篮球下旋。

练习03 掷球出手

扫描二维码看动作视频

重要度 ★★★

难度水平 ★

场地 不限场地

简介 掷球出手是掌握单手跳投时的持球方法，在惯用手投掷篮球的过程中，感受另一侧手的状态。

1 双手持球，将篮球置于体前。

2 向正上方投掷篮球。

3 撤回右手，使篮球自然下落。

4 篮球弹起后，双手接球。

练习步骤

① 双脚分开，与肩同宽，双手掌心相对持球，将篮球置于体前，双眼目视前方。

② 双手向正上方投掷篮球。

③ 撤回右手，使篮球自然下落至地面。

④ 篮球经过地面向上弹起，重心下移，双手掌心相对接球。

知识点

动作要点

撤回右手后，如果篮球自然下落说明姿势正确。如果篮球没有自然下落，则说明辅助手的手指在下面托着篮球，这不仅阻碍了投篮，还使篮球难以下旋。

练习04 魔术手法

扫描二维码看动作视频

重要度 ★★

难度水平 ★★

场地 不限场地

简介 此练习的目的是为了确认投出去的篮球是否下旋，要养成用中指和食指顶点控制投篮的习惯。

1 重心下移，将篮球置于体前。

2 双手将篮球举至头顶。

3 观察投掷的篮球是否下旋。

练习步骤

① 双脚分开，与肩同宽，膝盖弯曲，重心下移，双手持球，将篮球置于体前，双眼目视前方。

② 双手将篮球举至头顶，摆出面对篮筐投篮的姿势。

③ 向正上方投掷篮球，并观察确定投出去的篮球是否下旋。

投篮的基础技术

重要度 ★

难度水平 ★★

对墙投球

扫描二维码看动作视频

场地 有墙壁的地方

简介 对墙投球是指通过面向墙壁投篮的练习，锻炼投篮时将球向目标准确投出的能力。

1 双手持球，面向墙壁约 3 米的距离站立。

左手支撑，
右手掌心朝
上托住篮球
底部。

2 双手将球举至头顶。

3 重心上移，右臂伸直推出篮球，篮球脱手时最后离开篮球的是手指而非手掌。

练习步骤

① 双脚分开，与肩同宽，膝盖微屈，双手持球置于体前。面向墙壁，与墙壁距离约 3 米站立。

② 双手将球移至头顶，左手为辅助手，只起到支撑作用，不用力，右手的手腕保持在投篮线上。

③ 双脚蹬地，重心上移，右臂伸直，拨腕使球下旋，投出篮球。

练习
06

三步上篮（高手上篮）

扫描二维码
看动作视频

重要度 ★★★

难度水平 ★★

场地

不限场地

双手掌心相
对持球。
1

左脚向前迈一步，双脚呈前后开立状态，双手持球置于体前。

右脚向前
迈步。
2

右脚向前迈出第二步，篮球移至身体右侧。

练习步骤

① 左脚向前迈一步，左脚在前，右脚在后，两脚之间的距离比肩宽，膝盖弯曲，重心下移。双手掌心相对持球，将篮球置于体前。

② 右脚向前迈出第二步，保持双手持球，随着移动将篮球移至身体右侧，背部挺直。

③ 迈出第二步后，右腿发力向上跳起，同时左腿上抬，左手持球，指尖朝向身后，将篮球举过头顶，顺势投出篮球。

简介 三步上篮是一种基本的行进间的投篮技术。而高手上篮则是因篮球出手的方式不同而得名。

左手指尖朝向身后，将篮球向上举起。

迈出第二步后，左腿向上抬起。

3

双眼注视篮筐，不要移开视线，起跳的同时将篮球向上举起，在跳到最高点时投出篮球。

教练提示

投篮时想要将球准确地投进篮筐，需要的是对距离的准确掌握，以及对球用力的大小和方向的控制。

练习07 三步上篮（低手上篮）

重要度 ★★★

难度水平 ★★

扫描二维码看动作视频

场地 不限场地

左脚向前迈一步，双脚呈前后开立状态，双手持球置于体前。

右脚向前迈出第二步，篮球移至身体右侧。

练习步骤

① 左脚向前迈一步，左脚在前，右脚在后，两脚之间的距离比肩宽，膝盖弯曲，重心下移。双手掌心相对持球，将篮球置于体前。

② 右脚向前迈出第二步，保持双手持球，随着移动将篮球移至身体右侧，背部挺直。

③ 迈出第二步后，右腿发力向上跳起，同时左腿上抬，左手托球，指尖朝向身前，将篮球举过头顶，顺势手腕发力投出篮球。

简介 与“三步上篮（高手上篮）”的差异在于托球的手势不同。

左手指尖朝身体前侧。

迈出第二步后，左腿向上抬起。

3

起跳的同时，左手指尖朝前，将篮球向上托起，双眼注视篮筐，在跳到最高点时投出篮球。

教练提示

在上篮时，尽量向高处跳后再进行投球，腰部有意识地向上提起。

投篮的基础技术

练习08 强攻上篮

扫描二维码
看动作视频

重要度 ★★★

难度水平 ★★

场地 不限场地

简介 当被防守球员贴身防守或是与防守球员有身体接触时，是使用强攻上篮的最佳时机。强攻上篮可以帮助进攻球员获得上篮空间，在与防守球员的身体接触中使自己保持平衡并完成上篮。

1 双手将球置于头部右侧。

2 转身的同时将球移动到胸前。

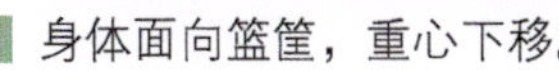

3 身体面向篮筐，重心下移。

4 起跳时，右手发力完成上篮。

练习步骤

① 左脚在前，右脚在后，膝盖弯曲，重心下移。双手持球，将篮球置于头部右侧。

② 双脚脚尖旋转，使身体面向篮筐，同时双手将球移动到胸前。

③ 右脚向前迈步，将篮球置于体前。

④ 双脚发力向上跳起，同时双手将球举过头顶，投出篮球。

知识点

动作要求

强攻上篮时要注意球到篮下时要急停，投篮时进入低重心姿态，双脚打开，脚尖和肩膀面对篮筐，当跳到最高点时用惯用手完成上篮。

练习09

移动勾手投篮

扫描二维码看动作视频

重要度 ★★★

难度水平 ★★

场地 不限场地

简介　移动勾手投篮是单手进行投篮的一种方式，在比赛中使用频率较高。

1 双手将篮球置于身体右侧。

2 右脚向前迈步，重心前移。

3 左脚继续向前迈步。

4 跳到最高点时投出篮球。

练习步骤

① 左脚在前，右脚在后，膝盖弯曲，重心下移。双手持球，将篮球置于身体右侧。

② 右手持球向下运球，然后双手接球，同时右脚向前迈步。

③ 左脚向前跟进一步，双手将球移至体前。

④ 左脚蹬地，向上跳起，右手持球，将篮球举过头顶，顺势投出篮球。

知识点

身体姿势

移动勾手投篮时，要尽量跳高，上身自然旋转。注意落地后身体不要前倾，投篮过程中保持良好的身体姿势。

练习10

起跳勾手投篮

扫描二维码看动作视频

重要度 ★★★

难度水平 ★★

场地 不限场地

简介 与移动勾手投篮相同，都是身体侧对篮筐进行练习，但和移动上篮不同，起跳勾手投篮要求两脚蹬地向正上方跳起投篮。

1 身体侧对篮筐，重心下移，双手将篮球置于体前。

2 在起跳的同时，换右手持球，右臂伸直，顺势投出篮球。

练习步骤

① 侧对篮筐站立，双脚自然分开，膝盖微屈，重心下移，双手掌心相对持球，将篮球置于体前。

② 双脚发力，向正上方跳起，同时右手持球，将篮球举过头顶，并顺势将篮球投出。

强手一侧接球后投篮

扫描二维码看动作视频

重要度 ★★

难度水平 ★

场地 不限场地

简介 强手一侧接球后投篮是指球员用惯用手接球后，换双手持球，进行起跳投篮的练习，运动过程中要注意球的飞行路线。

练习步骤

① 两人一组进行训练，球员 A 右脚在前，左脚在后，膝盖微屈，重心下移，右手向上抬起，掌心朝前准备接球。球员 B 双脚分开，与肩同宽，双手持球置于体前，面对球员 A 站立。

② 球员 B 将球移置胸前，手臂前伸，将球传向球员 A。球员 A 用右手接到球后换双手持球，面向篮筐进行投篮。

弱手一侧接球后投篮

重要度 ★★

难度水平 ★

场地 不限场地

简介 弱手一侧接球后投篮与上一个练习不同的是球员用非惯用手接球后，换双手持球，进行起跳投篮。由于使用的不是惯用手，所以需要多加练习。

练习步骤

① 两人一组进行训练，球员 A 左脚在前，右脚在后，膝盖微屈，重心下移，左手向上抬起，掌心朝前准备接球。球员 B 双脚分开，与肩同宽，双手持球置于体前，面对球员 A 站立。

② 球员 B 将球移置胸前，手臂前伸，将球传向球员 A。球员 A 用左手接到球后换双手持球，面向篮筐进行投篮。

投篮的基础技术

练习13 试探步跳投

扫描二维码看动作视频

重要度 ★★★

难度水平 ★★

场地 不限场地

简介 试探步跳投是指进攻球员先向一侧迈步（比如右侧），做出准备从右侧投篮的假动作，再突然回到原位投篮的投篮练习。

球员A将球置于体前，球员B进行防守。

球员A做出将要从右侧投篮的假动作，球员B进行防守。

球员A迅速收回右脚，回到原位进行投篮。

练习步骤

① 两人一组进行训练，球员A双脚分开，与肩同宽，双手持球置于体前。球员B右脚在前，左脚在后，双臂向两侧抬起，面对球员A站立，进行防守。

② 球员A右脚向右侧迈步，球员B进行拦截。

③ 球员A右脚迅速收回，回到原位将篮球向篮筐投出。

面对面投球

扫描二维码看动作视频

场地 不限场地

简介 练习面对面投球可以记住前臂、上臂和手腕用力时的动作和感觉，通过此练习可以在投篮时将球准确地投向篮筐。

球员 A 双手持球，将篮球置于体前，球员 B 呈接球姿势，准备接球。

球员 A 瞄准对方，根据跳投的动作要领向球员 B 投出篮球。

球员 B 接到球员 A 的投球。

练习步骤

① 两人一组进行训练，球员 A 双脚分开，与肩同宽，双手持球置于体前。球员 B 呈接球姿势，面对球员 A 站立，间隔 4 米左右。

② 球员 A 右手发力向球员 B 投球。

③ 球员 B 接住球员 A 的投球，双手持球，将篮球置于胸前。

教练提示

开始时要注意观察投出篮球的轨迹是否左右偏移，这时篮球投得不必太高，而右图中所示的篮球轨迹呈抛物线，这更接近真实比赛时的投篮。投出时旋转篮球，使其看起来像在手掌内就开始旋转一样，还要注意最后离开篮球的是手指而不是手掌，这样有助于使抛物线轨迹更高。

练习15 投篮后跑向罚球线

重要度 ★★★

难度水平 ★★

场地 三秒区

简介 此练习是指在篮筐下投篮后，转身跑向罚球线，然后再回到篮筐下进行投篮。通过此练习可以模拟真实比赛中移动时的投篮，提高投篮命中率。

扫描二维码看动作视频

1 双手持球，在距离篮筐较近的位置站立。

2 双手将球举至头顶。

3 重心上移，右臂伸直推出篮球，进行投篮。

练习步骤

① 双脚分开，与肩同宽，上身前倾，重心下移，双手持球置于体前，在距离篮筐较近的位置站立。

② 双手将球移至头顶，左手为辅助手，只起到支撑作用，不用力，右手的手腕保持在投篮线上。

③ 双眼目视篮筐，右臂伸直推出篮球，进行投篮。

投篮后转身跑向罚球线。

右脚踩到罚球线。

迅速转身跑回到篮筐下。

拾起从篮筐中落下的球。

练习步骤

④ 当篮球通过篮筐落下后，迅速转身跑向罚球线。

⑤ 右脚踩到罚球线。

⑥ 转身跑回到篮筐下。

⑦ 拾起从篮筐中落下的篮球。

教练提示

此练习可以增强在跑步时的停止技巧，并且可以提高在篮筐下投篮的命中率。因为要在一定时间内持续练习，也可以锻炼持久力。

▌拾球后，双手将球移至胸前，准备投篮。

▌重心上移，右臂伸直推出篮球，最后离开篮球的是手指而非手掌。

练习步骤

⑧ 拾球后，双脚自然分开，重心下移，双手持球，将篮球置于胸前，面向篮筐站立。

⑨ 双脚蹬地，重心上移，手臂伸直，推出篮球，进行投篮，整个过程控制在 30 秒以内。

知识点

动作要求

在运动过程中要保持姿势稳定，背部挺直。

练习16 双脚蹬地上篮

扫描二维码看动作视频

重要度 ★★★★★

难度水平 ★★

场地 半场

简介 此练习中手腕的用力方法和三步上篮相同，不同的是三步上篮是单脚蹬地。因为要越过对方的防守投篮，双脚蹬地可以增强对身体力量的控制。

1 右手在身体右侧运球。

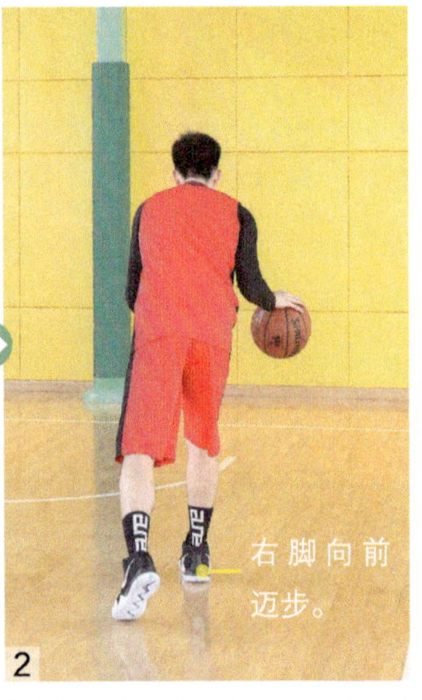

2 右手持球，同时右脚向前迈步。

练习步骤

① 左脚在前，右脚在后，右手在身体右侧运球。

② 右手持球，同时右脚向前迈步。

③ 左脚向前迈步，向篮筐方向运球。

④ 右脚向前跟进一步，使双脚平行，双手持球置于体前。

⑤ 双脚蹬地跳起，同时举起篮球，右手在旋转篮球的同时手指用力投出篮球。

3 左脚向前迈步。

4 重心下移，准备起跳上篮。

5 跳到最高点时投出篮球。

练习17 前方传球接球后投篮

扫描二维码
看动作视频

重要度 ★★★★

难度水平 ★★

场地 不限场地

简介 前方传球接球后投篮在比赛中经常使用，当持球球员遇到防守球员阻拦时，将球传给另一名球员，接球球员接住传球后进行投篮。

B
A
掌心朝前，准备接球。
1

球员 A 呈接球姿势，右手抬起准备接球，球员 B 面对球员 A 双手持球，将篮球置于体前。

B
A
胸前传球
2

球员 B 使用胸前传球，将篮球传给球员 A。

球员 A 接到球员 B 的传球后，双手掌心相对持球。

球员 A 双手持球将篮球举至头顶，起跳的同时进行投篮。

练习步骤

① 两人一组进行训练，球员 A 双脚分开，与肩同宽或略宽于肩，膝盖弯曲，重心下移，右手向上抬起，掌心朝前准备接球。球员 B 双手持球，将篮球置于体前，面对球员 A 站立。

② 球员 B 将球移置胸前，手臂前伸，胸前传球。

③ 球员 A 用右手接到球后换双手持球，保持重心下移，准备投篮。

④ 接球后，球员 A 双手持球将篮球举至头顶，双脚发力，向正上方跳起，将篮球向篮筐投出。

练习18 后撤投篮

重要度 ★★★★

难度水平 ★★

场地 不限场地

简介 后撤投篮是进攻球员在突破防守时所使用的一种技术，当与对方防守球员距离较近时，迅速使用后撤步，拉开与防守球员之间的距离后进行投篮。

练习步骤

① 球员A左脚在前，右脚在后，侧身站立，右手运球。球员B双脚分开，双臂向两侧抬起。

② 球员A以右脚为轴向左转体，同时左脚向后撤步，双手持球。

③ 球员A右脚向后撤步，拉开与球员B的距离。

④ 球员A双手将篮球举至头顶，向正上方跳跃，将篮球向篮筐投出。

球员A侧身站立，右手运球。

球员A左脚向后撤步。

球员A右脚向后撤步，与球员B拉开距离。

A
B
球员B随着球员A向上跳起，进行拦截。
4

球员A跳到最高点时进行投篮。

练习19 带球上篮（技巧1）

看动作视频 扫描二维码

重要度 ★★★

难度水平 ★★

场地 不限场地

简介　此练习是指进攻球员先向右侧迈步，做出准备从右侧上篮的假动作，再突然跳到身体左侧，突破防守，跑至篮筐下进行上篮。

1 球员 A 将球置于体前，球员 B 进行防守。

2 球员 A 做出将要从右侧突破的假动作。

3 趁球员 B 向右侧防守时，球员 A 迅速向左前方跳跃，双手将球举过头顶。

练习步骤

① 两人一组进行训练，球员 A 左脚在前，右脚在后，重心下移，身体前倾，双手持球置于体前。球员 B 双脚分开，双臂向两侧抬起，面对球员 A 站立，进行防守。

② 球员 A 右脚向右前方迈步，球员 B 重心左移，上抬左臂，进行拦截。

③ 球员 A 左脚向前迈步的同时，双脚向左前方跳跃，落地后，左脚向前迈步，双手将球举过头顶。球员 B 向右转体，上抬双手，掌心朝前。

A
B
4

球员 A 保持上举篮球，右脚向前迈步。

右手掌心朝上
持球，将球向
篮筐投出。
A
B
5

球员 A 起跳的同时，将球投出。

练习步骤

④ 球员 A 右脚向前迈步，甩开防守，双手保持上举篮球。

⑤ 成功突破后，调整合适的步法完成投篮。

教练提示

通过此练习可以提高身体的灵活度、敏捷性和投篮命中率。

练习20 带球上篮（技巧2）

重要度 ★★★
难度水平 ★★
场地 不限场地

简介 此练习是指进攻球员侧对防守球员，在身体左侧迈大步运球，突破防守，然后跑至篮筐下进行上篮，练习过程中应注意节奏。

球员 A 将球置于身体左侧，球员 B 在球员 A 身前防守。

球员 A 右脚向前迈步，左手持球。

球员 A 左手运球。

球员 A 左脚向前迈步。

双手掌心相对持球，将篮球移至头部左侧。

练习步骤

① 球员 A 左脚在前，右脚在后，膝盖弯曲，重心下移，双手持球置于身体左侧，侧对球员 B 站立。球员 B 双脚分开比肩宽，双臂向两侧抬起，进行防守。

② ~ ③ 球员 A 右脚向前迈步，同时左手持球，向下运球。球员 B 重心右移，进行拦截。

④ 球员 A 左脚向前跟进一步，左手接球后换双手持球，将篮球置于头部左侧。

球员 A 右脚向前迈步，双手持球置于胸前，球员 B 上抬右手，进行拦截。

球员 A 起跳的同时，左手持球，将篮球向上举起，在跳到最高点时投出。

练习步骤

⑤ 球员 A 右脚向前迈步，跑至篮筐下，双手持球置于胸前，准备上篮。球员 B 跟随球员 A 移动，右臂上举，拦截其上篮。

⑥ 迈出右脚后，球员 A 右腿发力向上跳起，左腿上抬，左手掌心朝上持球，用手腕发力向上拨球投篮。

投篮的基础技术

练习21

带球上篮（技巧3）

扫描二维码看动作视频

重要度 ★★★

难度水平 ★★

场地 不限场地

简介 此练习是指进攻球员先做出准备从右侧运球的假动作，再迅速转身移动到身体左侧，侧对防守球员，跑至篮筐下进行上篮。

B
A
1

球员A右手持球置于身体右侧。

B
A
双手掌心相对
持球，将篮球
置于体前。
2

球员A右脚向前迈步。

练习步骤

① 两人一组进行训练，球员A左脚在前，右脚在后，重心下移，右手持球置于身体右侧。球员B双脚分开，双臂向两侧抬起，进行防守。

② 球员A转向，右脚向前跟进一步，同时双手持球，置于体前，侧对球员B站立。

B
A
3

球员 A 迈步的同时身体随之左转，背对球员 B 站立。

A
B
左手掌心朝上
持球，将球向
篮筐投出。
4

球员 A 起跳的同时，左手持球，将篮球向上举起，在跳到最高点时投出。

练习步骤

③ 球员 A 右脚在前，左脚在后，呈右弓步姿势，身体随着向左转体，同时掌心相对持球，将篮球置于胸前。

④ 迈出右脚后，球员 A 右腿发力向上跳起，左腿上抬，左手掌心朝上持球，用手腕发力向上拨球投篮。

练习22 钩旋

扫描二维码看动作视频

重要度 ★★★

难度水平 ★★

场地 三秒区

简介 通过在篮筐附近不断进行多角度的移动勾手投篮的练习，可以掌握旋转篮球的钩旋方法。要点是最终离开篮球的是食指和中指。

1 右手持球，在原地运球。

2 右脚向前迈步，同时双手持球。

3 左脚向前迈步。

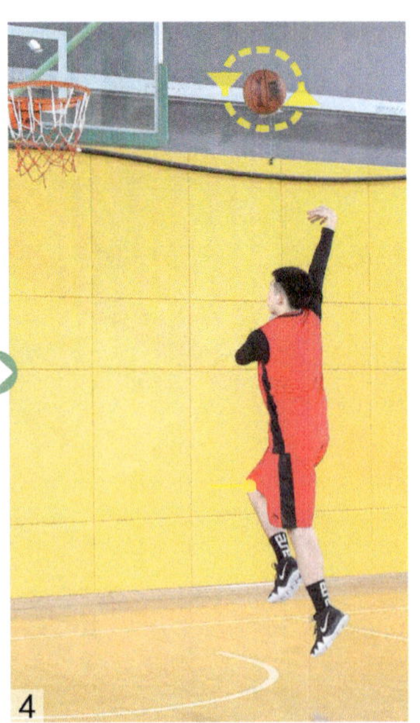

4 单手举起篮球，使球下旋掷出。

练习步骤

① 左脚在前，右脚在后，膝盖微屈，重心下移，右手在原地运球，在肘区面对篮筐站立。

② 右脚向前迈步，同时双手持球，将篮球移至体前。

③ 左脚继续向前迈步，到达篮筐下，准备投篮。

④ 左脚蹬地，向上跳起，右手举起篮球，在跳到最高点时，旋转球的同时将球投出去。

知识点

旋转方式

钩旋是移动勾手投篮时旋转篮球的方法。下旋是篮球的基本旋转方式，在不碰到篮板的空心球和需要击打篮板的擦板投篮中可以用到。

练习23 体代旋转球

扫描二维码
看动作视频

重要度 ★★★

难度水平 ★★

场地 三秒区

简介 体代旋转球是指在肘区面向篮筐持球，用边线一侧的手上篮。通过此练习可以记住篮球下旋的方式。

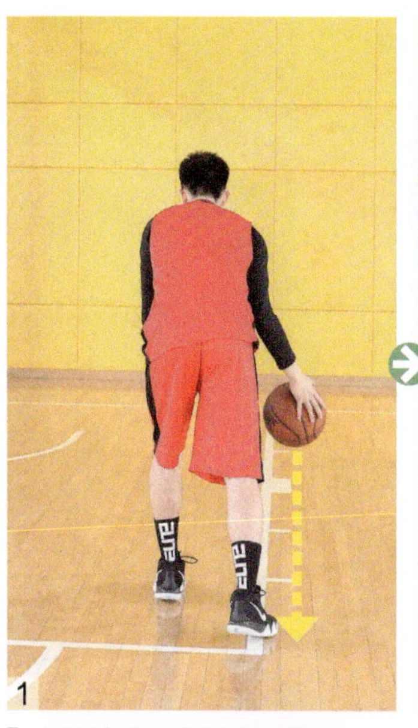

1 右手持球，在原地运球。

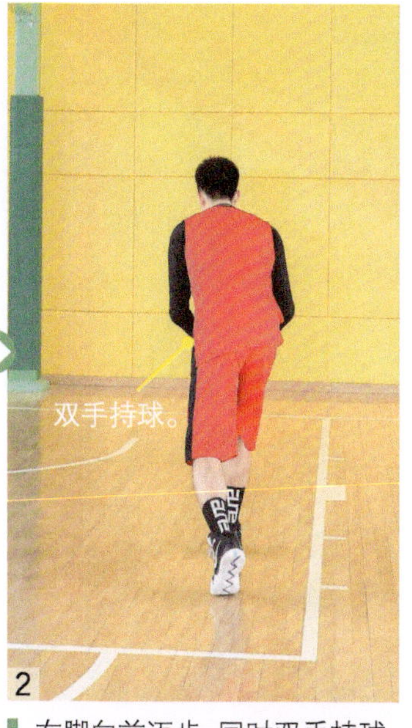
双手持球。

2 右脚向前迈步，同时双手持球。

3 左脚向前迈步。

举起球的手的同侧腿抬起。

4 单手举起篮球，使球下旋掷出。

练习步骤

① 左脚在前，右脚在后，膝盖微屈，重心下移，右手在原地运球，在肘区面对篮筐站立。

② 右脚向前迈步，同时双手持球，将篮球移至体前。

③ 左脚继续向前迈步，篮球随之移至身体左侧。

④ 左脚蹬地，向上跳起，右手从侧面托住篮球，由下向上贴着身体向上举起，投出篮球。

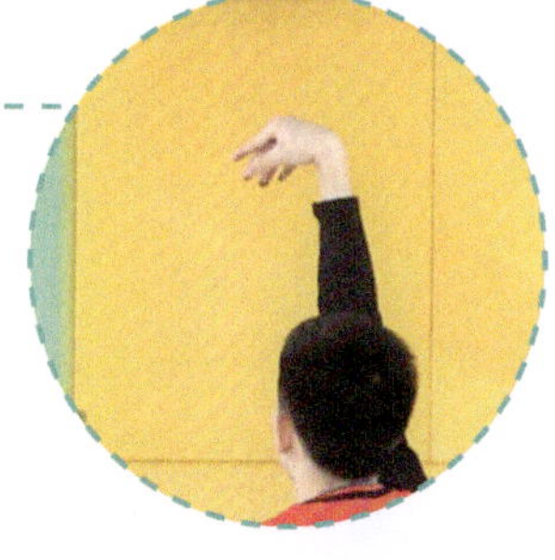

手腕、手指用力旋转篮球并掷出，要注意最后离开篮球的是手指。

篮筐下旋转球

扫描二维码看动作视频

重要度 ★★★

难度水平 ★★

场地 三秒区

简介 此练习是指在原地运球后，跑向篮筐上篮。注意要旋转篮球，使投中的球不打篮板不沾球网，直接入筐。

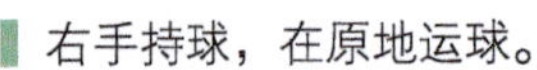

1 右手持球，在原地运球。

2 右脚向前迈步，同时双手持球。

3 左脚继续向前迈步。

4 单手举起篮球，使球下旋掷出。

练习步骤

① 左脚在前，右脚在后，膝盖微屈，重心下移，右手在原地运球，在肘区面对篮筐站立。

② 右脚向前迈步，同时双手持球，将篮球移至体前。

③ 左脚继续向前迈步，到达篮筐下，准备投篮。

④ 左脚蹬地，向上跳起，右手向正上方举起篮球，并将篮球往身体方向拉，形成下旋。

第 3 章
投篮的中级技术

在学习了投篮中最基础的入门动作后，下面再介绍一下投篮的中级技术。投篮的要领在于手指用力将篮球掷向篮筐，投中即得分。训练的目的在于提升投篮的命中率。

投篮的中级技术

练习25

勾手投篮（对抗）

扫描二维码 看动作视频

重要度 ★★★★

难度水平 ★★★

场地 不限场地

简介 勾手投篮是指身体侧对篮筐，单手持球上篮，比赛中经常被使用。注意在投篮时，保持身体平衡。

球员 A 右手持球，侧对球员 B。

球员 A 右脚向前迈步。

球员 A 左脚向前跟进一步。

球员 A跳到最高点时进行投篮。

练习步骤

① 球员 A 左脚在前，右脚在后，右手持球，在身体右侧运球。球员 B 双脚分开，左手向上抬起，进行防守。

② 球员 A 右脚向左前方迈步，身体随之左转，侧对球员 B 站立。

③ 球员 A 左脚向前跟进一步，重心下移，准备投篮。

④ 球员 A 右手将篮球向上举起，在跳跃到最高点时，将球投出。

知识点

动作要求

在起跳投篮时，抬起的大腿应抬至和地面接近平行的位置，这样有利于在空中保持良好的身体平衡。

投篮的中级技术

练习26 接球后强行过人投篮

重要度 ★★★

难度水平 ★★★

场地 不限场地

简介 在此练习中，防守球员要紧紧跟随进攻球员，阻拦其接球和投篮。进攻球员在接球后应尽量减少运球次数，防止球被抢断。

扫描二维码看动作视频

球员A侧对球员B站立，球员B呈防守姿势。

球员A向前移动，同时上抬左手。

球员A双手掌心朝前，准备接球。

球员B紧跟球员A移动，球员A双手接球。

练习步骤

① 球员A左脚在前，右脚在后，侧对球员B站立。球员B双脚分开，略比肩宽，双臂向两侧抬起，进行防守。

②~③ 球员A双脚向前迈步，同时双手掌心朝前，置于胸前，准备接球。

④~⑤ 球员A接球后，双手向下运球。球员B跟随球员A移动，面向球员A背部。

球员A重心下移，双手向下运球。

球员 A 双手持球，准备投篮，球员 B 上抬左手，进行阻拦。

球员 A 起跳的同时，右手持球，将篮球向上举起，在跳到最高点时投出。

练习步骤

⑥ 球员 A 接球后，双手持球置于面前。球员 B 上抬左手阻拦球员 A 投篮。

⑦ 球员 A 右手将篮球向上举起，双脚发力向上起跳，手指用力投出篮球。球员 B 随着球员 A 向上跳起，进行拦截。

知识点

防守要求

防守球员不仅要阻拦进攻球员投篮，在运球时还要不断给进攻球员施加压力。

练习27 跳步上篮

扫描二维码看动作视频

重要度 ★★

难度水平 ★★★

场地 不限场地

简介 跳步上篮是指进攻球员在运球之后，顺势起跳，持球落地后进行上篮的技术。此动作对于在篮下突破防守，保护球不被断掉非常有效。

A
B
1

球员A侧对球员B站立，球员B呈防守姿势。

A
B
双手掌心朝前，准备接球。
2

球员A双手掌心朝前，准备接球。

B
A
3

球员B跟随球员A移动，球员A双手接球。

B
A
右手向下运球。
4

球员A右脚向前迈步，面对球员B。

练习步骤

① 球员A左脚在前，右脚在后，左手抬起与球员B保持距离。球员B双脚分开，双臂向两侧抬起，进行防守。

② 球员A双脚向前迈步，同时双手掌心朝前，置于胸前，准备接球。

③～④ 球员A接球后，右脚向前迈步，同时身体向左转体面对球员B，右手运球。

教练提示

在面对防守球员阻拦时，使身体的侧面正对着篮筐，利用自身的肩宽，可以在距离防守球员较远的地方持球并投篮。

球员 A 双脚向身体左侧跳起，双手将球举过头顶。

落地后球员 A 重心下移，准备投篮。

练习步骤

⑤ 球员 A 双手持球，将篮球举过头顶，双脚迅速向身体左侧跳跃，突破防守。

⑥ 球员 A 落地后，将球移至胸前，重心下移，准备投篮。球员 B 随之向右转体，上抬右手。

⑦ 球员 A 右手将篮球向上举起，双脚向正上方起跳，手指用力投出篮球。球员 B 随着球员 A 向上跳起，进行拦截。

知识点

动作要求

与勾手投篮相比，跳步上篮是向正上方起跳，身体不旋转，落地时仍是侧面对着篮筐。

球员 A 起跳的同时，右手持球，将篮球向上举起，在跳到最高点时投出。

练习28 内侧中轴脚投篮

重要度 ★★★

难度水平 ★★★

场地 不限场地

简介 当防守球员位于进攻球员和篮筐之间时，进攻球员可以使用内侧中轴脚投篮，用身体保护球。

扫描二维码看动作视频

球员 A 将篮球置于体前，球员 B 进行防守。

球员 A 双手持球，向右后方转体。

转体后，球员 A 面向篮筐准备跳投。

练习步骤

① 两人一组进行训练，球员 A 左脚在前，右脚在后，膝盖弯曲，重心下移，双手持球置于体前。球员 B 双脚分开，左手向左侧打开，右手向上抬起，面对球员 A 站立，进行防守。

② 球员 A 以左脚为轴向右后方转体，保持双手持球，篮球随之向后移动。

③ 转体后球员 A 侧对球员 B，此时右脚在前，左脚在后，然后左脚跟进面向篮筐，马上起跳投篮。

投篮的中级技术

外侧中轴脚投篮

重要度 ★★★

难度水平 ★★★

场地 不限场地

本练习与上一个练习相似，不同的是摆脱防守球员时身体转动的方向不同。

球员 A 双手持球，侧对防守球员 B 站立。

球员 A 将球举至面前，同时向左后方转体。

转体后，球员 A 右手持球，进行投篮。

练习步骤

① 两人一组进行训练，球员 A 双脚分开，膝盖弯曲，重心下移，双手持球置于体前。球员 B 双脚分开，左手向左侧打开，右手向上抬起，面对球员 A 站立，进行防守。

② 球员 A 以右脚为轴向左后方转体，双手将球移至面前，篮球随之移动。

③ 转体后球员 A 侧对球员 B，左腿发力，右腿向上抬起，右手掌心朝上持球，进行投篮（或双脚起跳、双手投篮）。

练习30 彩虹

扫描二维码看动作视频

重要度 ★★

难度水平 ★★★

场地 不限场地

简介 通过彩虹练习球员可以掌握正确的勾手投篮的手臂动作，有助于流畅地旋转篮球，以及准确地掷出篮球。

练习步骤

① 双脚分开，与肩同宽，双手掌心朝上，向两侧平举，右手持球。

② 右臂伸直，手腕轻轻用力向上抛掷篮球，注意手腕要用力使球旋转。

③ 篮球从头顶上方经过，形成一条像彩虹的抛物线轨迹。

④ 左手接住篮球。

1 双手向两侧平举，右手持球。

手掌要感受到篮球的旋转。

2 右手的手腕用力向上抛掷篮球。

篮球在头顶形成一条完整的彩虹轨迹。

3 在头顶形成像彩虹的抛物线轨迹。

4 左手接住篮球。

左手掌心朝上接球，托住篮球的底部。

双手向两侧平举，左手持球。

左手的手腕用力向上抛掷篮球。

篮球在头顶形成像彩虹的抛物线轨迹。

右手接住篮球。

练习步骤

⑤ 左手接到球后，双手掌心朝上，保持向两侧平举，左手持球，准备向右侧抛掷篮球。

⑥ 右手手腕轻轻用力向上抛掷篮球，使球旋转。

⑦ 篮球从头顶上方经过，形成一条像彩虹的抛物线轨迹。

⑧ 右手接住篮球，抛接过程中双眼注视篮球。

教练提示

抛掷篮球的轨迹像一条彩虹，这是勾手投篮动作的基本要领，注意篮球的移动轨迹要和双臂在同一个平面上。

投篮辅助手握拳

重要度 ★★

难度水平 ★★★

场地 三秒区

简介

此练习中，球员将非投篮手握拳，放在篮球的一侧进行投篮。这项训练可以帮助球员纠正非投篮手的动作，适用于那些有非投篮手参与投篮习惯的球员。

扫描二维码看动作视频

呈投篮姿势站立，左手握拳，置于篮球左侧。

左手保持握拳，只起到支撑作用，不发力。
2

右手用力投出篮球，左手保持不动。

练习步骤

① 球员站在篮筐附近，右手掌心朝上持球，托住篮球的底部，将篮球置于头顶，注意手腕要在投篮线上。左手握拳，置于篮球左侧。

② 右臂伸直，拨腕使球下旋，投出篮球，左手保持不动。

教练提示

练习时，握拳的目的是为了阻止非投篮手干扰投篮，也是为了提醒球员篮球是用一只手投出去的。

练习32

擦板投篮

扫描二维码看动作视频

重要度 ★★★

难度水平 ★★★

场地 半场

简介 击中篮板的投篮被称为“擦板投篮”，练习时，为了提高命中率，要在与篮板呈45度夹角左右的位置投篮。

双手持球，面对篮板约 45 度夹角站立。

双手将球移至面前。

重心上移，右臂伸直投出篮球。

练习步骤

① 双脚分开，与肩同宽，膝盖微屈，重心下移，双手持球置于体前，站立在与篮板约45 度夹角的位置。

② 双手将球移至面前，左手为辅助手，只起到支撑作用，不用力，右手的手腕保持在投篮线上。

③ 双脚蹬地，重心上移，右臂伸直，拨腕使球下旋，投出篮球。

投篮的中级技术

练习33 两人跳跃投篮

扫描二维码看动作视频

重要度 ★★★

难度水平 ★★★

场地 三秒区

简介 两人跳跃投篮可以锻炼在跳跃投球过程中的平衡能力，即使在空中也应保持良好的姿势。检验是否具有良好的空中姿势，要看落地时能否保持身体平衡。

球员A像跳绳一样在原地连续跳跃。

在球员A跳跃3~4次后，球员B把球传给球员A。

球员A接住球后保持原节奏跳跃。

球员A找准时机投出篮球。

练习步骤

① 两人一组进行练习，投篮的球员A站在篮筐下方，传球的球员B远离篮筐站立，球员A在原地小幅度连续跳跃。

② 球员A跳跃3~4次后，球员B把球传给球员A。

③ 球员A将球接住后，继续保持原地跳跃，并观察时机投篮。

④ 球员A不断进行投篮，最好一次性练习投篮10次或1分钟。

教练提示

保持良好的空中姿势的证明，就是能够连续有节奏地起跳，这能体现身体良好的平衡能力。

投篮的中级技术

重要度 ★★★★

难度水平 ★★★

练习34

高处跳跃投篮

扫描二维码看动作视频

场地 三秒区

简介 通过从较高的位置跳下并投篮的练习，可以记住在跳投时膝盖和脚踝的动作、发力方法与感觉。

1

双手持球，在篮筐旁的凳子上站立。

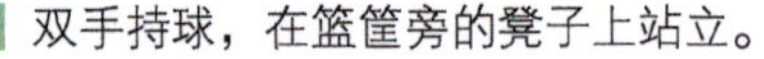

2

双脚从凳子上跳下。

3

落地后，双脚发力起跳，进行投篮。

练习步骤

① 在距离篮筐较近的地方放置一个凳子，球员站在凳子上，双手持球置于体前。

② 双脚发力，从凳子上跳下。

③ 落地后迅速起跳投篮，反复练习 10 次。

三角形投篮

扫描二维码看动作视频

重要度 ★★★★

难度水平 ★★★

场地 半场

简介 三角形投篮是指两名球员站立的位置与篮筐形成一个直角三角形，篮筐与传球球员组成这个三角形的斜过投篮球员在接到传球后进行投篮。

两名球员间隔 5 米左右面对面站立。

球员 A 移动至罚球线中间位置，球员 B 准备传球。

练习步骤

① 两名球员间隔 5 米左右面对面站立，球员 A 右脚向前迈步，双手置于体前。球员 B 双脚分开，与肩同宽，双手将篮球置于身体右侧。

② 球员 A 向前移动至罚球线中间位置，球员 B 将篮球置于体前，准备传球。

球员 B 将球传给球员 A。

球员 A 接球后，转身面向篮筐，进行投篮。

练习步骤

③ 球员 B 将球传给球员 A，球员 A 右脚向前迈步，同时双手掌心相对接球。

④ 接球后，球员 A 面向篮筐，双脚蹬地起跳，将篮球举过头顶，在跳到最高点时，顺势投出篮球。

练习 36

罚球后保持跟进动作

扫描二维码看动作视频

重要度 ★★★★

难度水平 ★★★

场地 半场

简介 罚球后保持跟进动作是指球员站在罚球线的位置进行投篮，之后双手保持跟进动作。通过此练习，球员可以根据投篮距离的长短，调整出手高度。

1 在罚球线位置面向篮筐站立。

2 右手用力投出篮球，在篮球落地之前，不要放下双手。

练习步骤

① 双脚分开，与肩同宽，重心下移，双手将篮球置于体前，在罚球线位置面向篮筐站立。

② 上移重心，将篮球举过头顶，顺势投出篮球。球出手后保持双手高举的跟进动作，直到球落地，这将确保跟进动作是正确的。

知识点

跟进动作

投篮的跟进动作需要在投篮时自我纠正，如果投篮距离短了，可以逐渐降低出手高度，以缩短球飞行的距离。如果投篮距离长了，可以逐渐提高出手高度，以加长球飞行的距离。

重要度 ★★

难度水平 ★★★

练习37 篮板侧面投篮

扫描二维码看动作视频

场地 三秒区

简介　篮板侧面投篮是指站在篮筐一侧向篮筐另一侧投球，球员投出后，迅速跑到篮筐另一侧接球后投篮。

双手持球，在篮筐左侧的位置站立。

重心上移，双手将球举至头顶。

向篮筐右侧投球的同时，右脚向右侧迈步。

迅速跑至篮筐右侧接球。

练习步骤

①～② 双脚自然分开，双手持球置于体前，在篮筐左侧的位置站立。接着双手将球移至头顶，重心上移，左手为辅助手，只起到支撑作用，不用力，右手的手腕保持在投篮线上。

③～④ 双眼目视篮筐，手指用力向篮筐右侧投出篮球。然后右脚迅速向右迈步，跑到篮筐右侧位置，接住篮球。

▌接球后，双手将球置于体前，准备投篮。

练习步骤

⑤ 接球后，双脚自然分开，双手持球，将篮球置于体前，在篮筐右侧站立，双眼目视篮筐。

⑥ 双脚蹬地，重心上移，右臂伸直，推出篮球，进行投篮，整个过程控制在 30 秒以内。

手臂伸直，手腕用力使篮球下旋，从指间投掷出去。

▌重心上移，右臂伸直推出篮球，最后离开篮球的是手指而非手掌。

练习38 六位投篮

扫描二维码看动作视频

重要度 ★★

难度水平 ★★★

场地 半场

简介 此动作是指站在距离篮筐3~4米的不同位置投篮。此练习可以提高中等距离投篮命中率。

在球场内放置6个锥筒，球员A先在标记1处投篮。球员B接住球后将球传给球员A。

球员A在标记1处投篮后，移动到标记2处投篮，依此类推直到标记6处。

练习步骤

①~② 两人一组进行练习，如右图所示，在球场内放置6个锥筒，投篮球员A先在标记1处站立。球员B在篮筐下，将球传给球员A。球员A在标记1处投篮后，移动到标记2处，球员B接住球后，再次传给球员A。球员A在标记2处投篮。重复以上动作，直至在6处标记位置完成投篮（为图示清晰，上图使用标记3处进行展示）。

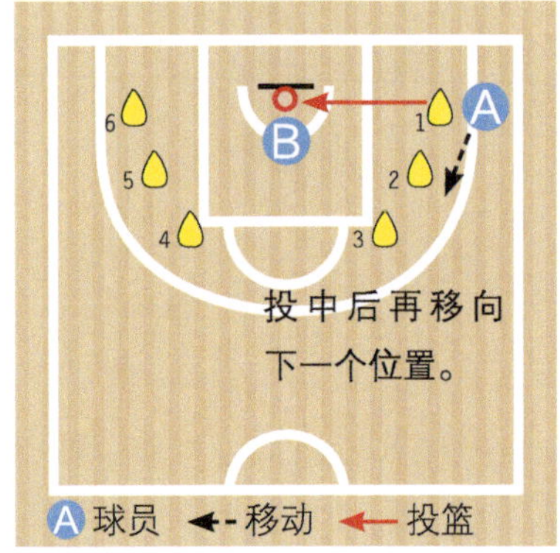

练习 39

从肘区到肘区

扫描二维码看动作视频

重要度 ★★★

难度水平 ★★★

场地 三秒区

简介 在肘区投篮属于中等距离的投篮，需要球员具有较高的技术水平。此练习与真实比赛中移动时接球、投篮情况相似，通过练习可以提高投篮命中率。

掌心朝前，
准备接球。

1

球员 B 双手持球，准备将球传给球员 A。球员 A 呈接球姿势，准备接球。

球员 A 接球后，向篮筐投出篮球，球员 B 在篮筐下准备接球。

B
A
3

球员 A 投篮后跑向另一侧肘区，球员 B 接到篮球后传给球员 A，球员 A 再次投篮。

练习步骤

① 两人一组进行练习，球员 A 右脚在前，左脚在后，膝盖微屈，重心下移，呈接球姿势在肘区站立。球员 B 在篮筐下双手持球，准备将球传给球员 A。

② 球员 A 接到传球后，双脚向正上方跳起，双手将篮球举至头顶，右臂伸直，推出篮球，进行投篮，球员 B 准备接球。

③ 投篮后，球员 A 迅速向另一侧肘区移动。到达另一侧肘区后，球员 B 将球传给球员 A，球员 A 接球后立即再次投篮，重复练习 1 分钟。

B
A
在肘区（罚球线的两端点）接球投篮。
A 球员 投篮 传球

B
A
向另一侧肘区移动，接球后再次投篮。
A 球员 移动 投篮 传球

练习40 搭档投篮

扫描二维码看动作视频

重要度 ★★★★

难度水平 ★★★

场地 半场

简介 此动作是指沿着罚球区的弧线移动、接球并投篮。通过在不同位置进行投篮练习，可以增大场上能够进行投篮的范围。

球员 B 双手持球，准备将球传给球员 A，球员 A 呈接球姿势，准备接球。

球员 A 接球后，向篮筐投出篮球，球员 B 在篮筐下准备接球。

B
A
3

球员 A 投篮后，沿着罚球区的弧线移动，跑向另一侧肘区，球员 B 接到篮球后传给球员 A，球员 A 再次投篮。

练习步骤

① 两人一组进行练习，球员 A 右脚在前，左脚在后，膝盖微屈，重心下移，呈接球姿势在肘区站立。球员 B 在篮筐下双手持球，准备将球传给球员 A。

② 球员 A 接到传球后，双脚向正上方跳起，双手将篮球举至头顶，右臂伸直，推出篮球，进行投篮，球员 B 准备接球。

③ 投篮后，球员 A 沿着罚球区的弧线向另一侧肘区移动。到达另一侧肘区后，球员 B 将球传给球员 A，球员 A 接球后立即再次投篮。

B
A
在肘区（罚球线的
两端点）接球投篮。
A 球员 投篮 传球

B
A
沿着罚球区的弧线向另一侧肘
区移动，接球后再次投篮。
A 球员 移动 投篮 传球

投篮的中级技术

练习41

马戏团投篮

扫描二维码看动作视频

重要度 ★★★

难度水平 ★★★

场地 半场

简介

马戏团投篮的练习方法是侧向篮筐掷球，在接球之后立即转向篮筐方向并投篮。练习时应注意时刻保持身体平衡，想象眼前有对手在防守。

1

双手持球，在篮筐下站立。

掷出球后迅
速向前奔跑。
2

将球下旋掷出，同时向前跑动。

3

面向球的方向迅速奔跑。

接球后向后
转身，面向
篮筐。
4

接住掷出的篮球后转身。

练习步骤

① 双脚自然分开，双手掌心相对持球，将篮球置于体前，在篮筐下站立。

② 将手中的篮球下旋掷出，同时左脚向前迈步。

③ 掷出球后迅速面向球的方向奔跑。

④ 接球后转身，双脚分开，与肩同宽，重心下移，准备投篮。

教练提示

在接到球向篮筐方向转身时，注意重心位置，保持身体平衡，头部不要上下移动。

双脚向正上方跳起，在跳到最高点时，向篮筐投出篮球。

迅速向篮球落下的方向奔跑。

接住落下的篮球后，向左后方转身。

将球下旋掷出，同时右脚向前迈步。

练习步骤

⑤ 双脚向正上方跳起，投出篮球。

⑥ 迅速向篮球落下的方向奔跑。

⑦ 接球后向左后方转身，双脚分开，与肩同宽，双手持球置于体前。

⑧ 将手中的球下旋掷出，同时右脚向前迈步。

9

接球后，转身面向篮筐。

手臂伸直，手腕用力使篮球下旋，从指间投掷出去。

10

在跳到最高点时，向篮筐投出篮球。

练习步骤

⑨ 掷出球后迅速面向球的方向奔跑，接球后转身，面向篮筐，双脚分开，重心下移，准备投篮。

⑩ 双手将球举过头顶，同时双脚发力，向正上方跳起，投出篮球。

练习42 60秒投篮

重要度 ★★★

难度水平 ★★★

场地 半场

简介 在一定时间内练习投篮，可以提高运球后跳投的速度和命中率，有效地锻炼左右手都能运球的能力。

1 双手持球，在底线位置站立。

2 右脚向前迈步，同时右手持球。

3 左脚向前跟进一步，保持右手持球，运球前进。

4 到达肘区位置时，向左转体。

练习步骤

① 左脚在前，右脚在后，膝盖弯曲，重心下移，双手持球置于体前，在底线位置站立。

② 右脚向前迈步，同时右手持球，向下运球。

③ 左脚向前跟进一步，继续运球前进。

④ 移动至肘区位置，运球的同时向左转体。

知识点

动作要求

练习时要在保证动作正确的同时，加快运球速度。

5
沿着罚球区的弧线运球前进。

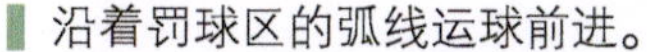

6
到达另一侧肘区后，双手持球，准备投篮。

手臂伸直，手腕
用力使篮球下旋，
从指间投掷出去。

7
在跳到最高点时，向篮筐投出篮球。

练习步骤

⑤ 继续沿着罚球区的弧线运球前进，向另一侧的肘区移动。

⑥ 到达另一侧肘区后，双手掌心相对持球，面向篮筐站立。

⑦ 双手将球举过头顶，同时双脚向正上方跳起，投出篮球。

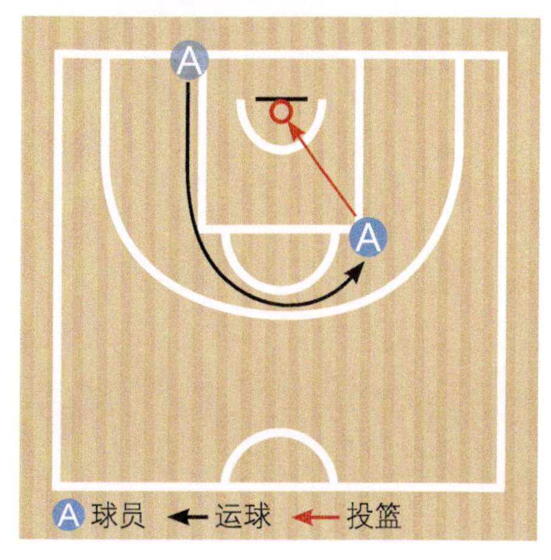

8 投篮后，迅速跑至篮筐下接球。

9 双手持球，向另一侧底线移动。

10 双手将篮球置于体前，在底线位置站立。

11 左脚向前迈步，同时左手运球。

12 左脚向前跟进一步，向肘区位置运球前进。

练习步骤

⑧ 投篮后，迅速向篮筐下奔跑，接住篮球。

⑨ 接球后，双手持球，向另一侧底线移动。

⑩ 右脚在前，左脚在后，膝盖弯曲，重心下移，双手持球置于体前，在底线位置站立。

⑪ ~ ⑫ 左手持球，沿禁区线向肘区位置运球前进。

沿着罚球区的弧线运球前进。

练习步骤

⑬ 继续沿着罚球区的弧线运球前进，向另一侧的肘区移动。

⑭ 到达另一侧肘区后，双手掌心相对持球，面向篮筐站立。

⑮ 双手将球举过头顶，同时双脚向正上方跳起，投出篮球。

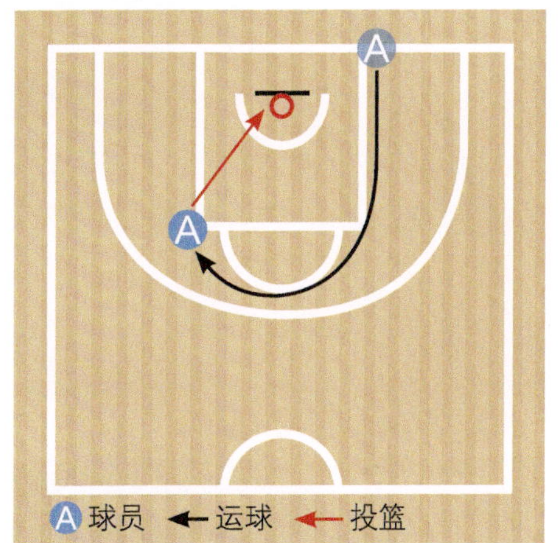

到达另一侧肘区后，双手持球，准备投篮。

在跳到最高点时，向篮筐投出篮球。

练习43 压力投篮

扫描二维码看动作视频

重要度 ★★★★

难度水平 ★★★★

场地 半场

简介 压力投篮是指在投篮受到阻拦并且对方不断施加防守压力时，通过应对对方施加的压力，提高球员对投篮的判断能力和命中率。

球员 A 和球员 B 面对面站立。

B
A
手腕由下向上翻转，使球旋转传出。
2

球员 B 将球传给球员 A。

球员 B 跑向球员 A，右手上举，拦截投篮。

练习步骤

① 两人一组进行练习，球员 A 双脚分开，与肩同宽，双手掌心相对，呈接球姿势面对球员 B 站立。球员 B 左脚在前，右脚在后，双手持球，置于胸前。

② 球员 B 重心前移，双臂前伸，将球传给球员 A。

③ 球员 B 在传球后，迅速向球员 A 的位置跑去，阻拦其投篮。球员 A 接球后，跳投将篮球投出。

知识点

动作要求

球员 A 接球后，在面对防守球员阻拦时，需要立即判断是马上投篮，还是运球后再投篮，最多只能运球一次。

练习44 180 度转体投篮

重要度 ★★★

难度水平 ★★★★

场地 三秒区

简介 180度转体投篮是指在罚球线上起跳后，转体180度落地，再进行跳投，起跳时注意要保持好身体平衡。

扫描二维码看动作视频

1 背对篮筐，站在罚球线上。

2 两脚起跳，向左后方转体。

3 落地时身体正对篮筐。

4 迅速使用跳投将篮球向篮筐投出。

练习步骤

① 双脚分开，与肩同宽，双手持球，将篮球置于体前，背对篮筐站立在罚球线上。

② 双脚起跳，在空中保持双手持球姿势，向左后方转体。

③ 着地时身体面向篮筐，重心下移，准备投篮。

④ 双手将球举过头顶，同时双脚向正上方跳起，投出篮球。

练习 45

一步或两步运球后跳投

重要度 ★★★

难度水平 ★★★

场地 半场

扫描二维码看动作视频

简介 此练习是指在经过一步或两步的运球后，再进行跳投。在比赛中，通过运球可以观察对方的防守情况并做出下一步判断，还能提高投篮时身体的协调能力。

球员 A 双手持球，面对篮筐站在三分线位置，球员 B 在篮筐下侧身站立。

球员 A 右脚向右前方迈步，右手持球，向肘区位置运球前进。

练习步骤

① 两人一组进行练习，球员 A 双脚分开，与肩同宽，双手持球，将篮球置于体前，面对篮筐站在三分线位置。球员 B 在篮筐下侧身站立。

② 球员 A 右脚向右前方迈步，同时右手持球，向肘区位置运球前进，注意运球次数不要超过两次。

手臂伸直，手腕
用力使篮球下旋，
从指间投掷出去。
A
B
3

球员 A 到达肘区后，向篮筐投出篮球，球员 B 在篮筐下准备接球。

A
B
4

球员 A 投球后，迅速转身回到三分线位置，球员 B 接球后，双手持球背对篮筐。

练习步骤

③ 球员 A 到达肘区后，双脚向正上方跳起，双手将篮球举至头顶，右臂伸直，投出篮球。球员 B 双脚分开，上抬右手准备接球。

④ 球员 B 接到球后，右脚在前，左脚在后，膝盖弯曲，重心下移，双手持球置于体前，背对篮筐站立。球员 A 在投出球后，迅速转身回到三分线位置。

球员 A 回到三分线位置后，呈接球姿势，球员 B 准备传球。

A
B
手腕由下向上
翻转，使球旋
转传出。
6

球员 A 接到球员 B 的传球。

练习步骤

⑤ 球员 A 回到三分线位置后，双脚分开，与肩同宽，双手呈接球姿势，准备接球。球员 B 面向球员 A，准备传球。

⑥ 球员 B 重心前移，双臂前伸，食指用力弹拨，掌心朝外，将篮球传出。球员 A 接到球员 B 的传球。

投篮的中级技术

练习46

同侧步右手上篮

重要度 ★★★

难度水平 ★★★

场地 半场

同侧步右手上篮是指从右侧向篮筐移动，并用右手进行投篮。此练习要求投球和运球都是同一方向。

扫描二维码看动作视频

1 身体前倾，双手将球置于地面。

2 起身的同时，右脚向前迈步。

3 左脚向前迈步，到达篮筐右侧。

4 跳到最高点时投出篮球。

练习步骤

① 双脚分开，与肩同宽，膝盖弯曲，身体前倾，双手将球置于地面。

② 起身的同时，右脚向前迈步，双手将篮球移至体前。

③ 左脚向前迈步，到达篮筐右侧。

④ 左脚蹬地，向上跳起，右手持球，伸手臂顺势投出篮球。

教练提示

起跳时，右腿向上抬起，使大腿与地面平行。投球时手臂伸直，用右手手腕的力量向上拨球投篮。

练习 47 同侧步左手上篮

重要度 ★★★

难度水平 ★★★

场地 半场

简介 同侧步左手上篮与上一个练习基本相同，区别在于是从左侧向篮筐移动，并用左手进行投篮。

扫描二维码看动作视频

1 双手将球置于地面。

2 起身的同时，向前迈步。

3 向篮筐方向移动。

4 到达篮筐左侧后，蹬地跳起，跳到最高点时投出篮球。

练习步骤

① 双脚分开，与肩同宽，膝盖弯曲，身体前倾，双手将球置于地面。

② 起身的同时，向前迈步，双手将篮球移至体前。

③ 左脚继续向前移动，到达篮筐左侧。

④ 蹬地跳起，左手持球，伸直手臂顺势投出篮球。

练习48 跑步上篮

扫描二维码看动作视频

重要度 ★★★

难度水平 ★★

场地 半场

简介 通过此练习可以掌握移动勾手上篮时手部的正确动作与发力方法，上篮时要使篮球旋转。跑向篮筐、上篮并投篮成功，此时整个练习完成。

球员A站在罚球线位置，球员B双手持球在侧翼准备传球。

练习步骤

① 球员A右脚在前，左脚在后，双手掌心相对置于体前，面对篮筐站在罚球线位置。球员B双脚自然分开，双手持球置于身体右侧，在侧翼做好传球准备。

② 球员B将球传给跑向篮筐的球员A，球员A右手接球。

③ 接球后，球员A左脚向前迈步，同时蹬地向上起跳，右腿抬起。右臂伸直，在旋转篮球的同时将球向篮筐投出。

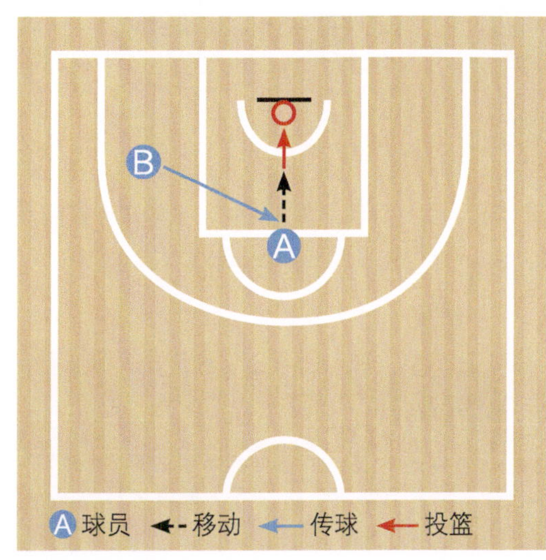

球员 A 跑向篮筐的过程中接住球员 B 传来的球。

球员 A 保持身体平衡，起跳，手掌正对篮筐，从篮筐的侧面勾手投篮。

教练提示

在没有传球球员的情况下，也可以自己运球后上篮。在篮筐附近投篮相对来说比较容易，除了用惯用手练习外，也要多练习非惯用手投篮。

重要度 ★★

难度水平 ★★★

练习49 欧洲步上篮

场地 三秒区

简介 欧洲步上篮是一种带球上篮时使用的过人技巧，在上篮时步伐左右晃动幅度大，容易让防守球员无法判断行进方向，方便进攻球员进行上篮。

1 双手持球，在禁区线站立。

2 右脚向前迈步，靠近锥筒。

3 左脚向左前方迈一大步。

4 左脚蹬地，在跳到最高点的同时将篮球投出。

练习步骤

① 双脚自然分开，双手持球，将篮球置于体前，面向篮筐在禁区线站立。

② 右脚向前迈步，靠近锥筒，保持双手持球不变。

③ 左脚向左前方迈一大步，身体随着重心左移。

④ 左脚落地的同时，蹬地发力，向上起跳，右手将球向上举起，旋转篮球的同时手指用力投出篮球。

投篮的中级技术

练习50

锥筒辅助欧洲步

重要度 ★★★

难度水平 ★★★

场地 三秒区

简介 锥筒辅助欧洲步练习模拟的是真实比赛中的场景，进攻球员同时面对多名防守球员时使用欧洲步突破防守，进行上篮。

扫描二维码看动作视频

1 双手持球，将篮球置于身体右侧。

2 左脚向右侧迈步，右手运球。

3 右脚向前迈步，移动到右侧两个锥筒之间。

4 左脚向左前方迈一大步。

练习步骤

① 双脚分开，与肩同宽，膝盖弯曲，重心下移，双手将篮球置于身体右侧，面向篮筐站立。

② 左脚向右侧迈步，右手持球，向下运球。

③~④ 双手接住弹起的篮球，同时右脚向前迈步，接着左脚向左前方迈一大步，身体重心随之左移。

教练提示

在运动过程中，双手持球时注意篮球要随着身体的重心左右移动，从而更好地迷惑防守球员。

5

左脚蹬地，在跳到最高点的同时将篮球投出。

6

在篮筐下接住落下的篮球后，回到起始位置。

练习步骤

⑤ 左脚落地的同时，蹬地发力，向上起跳，右手将球向上举起，旋转篮球的同时手指用力投出篮球。

⑥ ~ ⑦ 在篮筐下接住落下的篮球，然后回到起始位置。双脚分开，与肩同宽，双手将篮球置于身体左侧。

⑧ 左脚向前迈步。

7

双手持球，将篮球置于身体左侧。

8

左脚向前迈步，移动到左侧两个锥筒之间。

右脚向右前方迈一大步。

右脚蹬地，在跳到最高点的同时将篮球投出。

练习步骤

⑨ 右脚向右前方迈一大步，身体重心随之右移。

⑩ 右脚落地的同时，蹬地发力，向上起跳，双眼注视篮筐，左手将球向上举起，旋转篮球的同时手指用力投出篮球。

重要度 ★★★

难度水平 ★★★

练习 51 欧洲步 1 对 1

扫描二维码看动作视频

场地 半场

简介 此练习模拟的是真实比赛中常见的场景，当防守球员朝进攻球员移动时，进攻球员使用欧洲步变向，突破防守后进行上篮。

A
B
1

球员 A 双手持球，在肘区位置侧对篮筐站立，球员 B 在篮筐下站立。

B
A
到达右侧锥筒
后，转身返回。
2

球员 A 右手运球前进，绕过罚球线上的锥筒，球员 B 跑向禁区线右侧的锥筒后，转身返回。

练习步骤

① 球员 A 左脚在前，右脚在后，重心下移，上体前倾，双手将篮球置于身体右侧，在左侧肘区侧身站立。球员 B 呈左弓步姿势，在篮筐下，侧对篮筐站立。

② 球员 A 右手持球，运球前进，绕过罚球线上的锥筒。球员 B 跑向禁区线右侧的锥筒后，转身返回。

球员 A 靠近球员 B 时，双手持球，右脚向前迈步。

趁球员 B 上前阻拦时，左脚向左前方迈一大步。

练习步骤

③ 球员 A 绕过锥筒后向篮筐运球，靠近球员 B 时，双手持球，右脚向前迈步。球员 B 积极防守，阻拦球员 A 上篮。

④ 球员 A 左脚向左前方迈一大步，身体重心随之左移，突破防守球员 B。

⑤ 球员 A 左脚落地的同时，蹬地发力，向上起跳，右手将球向上举起，旋转篮球的同时手指用力投出篮球。球员 B 随之起跳进行拦截。

教练提示

先做准备从右侧上篮的假动作，然后迅速向左侧迈步，转为从左侧上篮。

左脚蹬地，在跳到最高点的同时将篮球投出。

练习52 后退步跳投

扫描二维码
看动作视频

重要度 ★★★
难度水平 ★★★

场地 半场

简介 在篮球比赛中，与防守球员距离较近时，先强行向内运球，再进行撤步，进行跳投。

B
A
1

球员A双手持球，在罚球圈附近站立，球员B面对球员A在进行防守。

B
A
左手持球，
向下运球。
2

球员A右脚向前迈步，同时左手运球，球员B随之向后移动。

练习步骤

① 球员A双脚分开，与肩同宽，重心下移，双手将篮球置于身体右侧，面对篮筐在罚球圈位置站立。球员B右脚在前，左脚在后，双手抬起，背对篮筐，进行防守。

② 球员A右脚向前迈步，同时左手持球，向下运球，球员B随之向后移动。

球员 A 迅速收回右脚，与球员 B 拉开距离，重心下移，准备投篮。

球员 A 在跳到最高点时向前投出篮球，球员 B 随之起跳拦截。

练习步骤

③ 趁球员 B 向后移动时，球员 A 迅速收回右脚，拉开与球员 B 的距离，双手将球置于身体左侧，重心下移，准备投篮。

④ 球员 A 将球举过头顶，向正上方跳起，投出篮球。

教练提示

在收回右脚时，需要保证腿部力量足以迅速收回重心进行撤步。

练习 53 麦肯上篮 1

扫描二维码
看动作视频

重要度	★ ★ ★
难度水平	★ ★ ★

场地 三秒区

简介 此练习是指在篮筐下进行连续不间断的勾手投篮。通过此练习可以使球员在使用勾手投篮时，左右手都具有较高的命中率，练习过程中应注意节奏。

1 双手持球，面对篮筐站立。

2 左脚向右前方迈步。

左脚向右前方迈步。

3 蹬地起跳，右手勾手投篮。

练习步骤

① 双脚分开，与肩同宽，双手持球，将篮球置于体前，面向篮筐站立。

② 左脚向右前方迈步，身体重心随之转移。

③ 左脚蹬地起跳，右腿向上抬起。同时右手持球，将篮球举过头顶，在旋转篮球的同时将球向篮筐投出。

练习步骤

④ 在篮球落下的过程中接球，将篮球置于体前，同时右脚向左前方迈步。

⑤ 右脚蹬地起跳，左腿向上抬起。左臂伸直，在旋转篮球的同时将球向篮筐投出。

投球时，手腕用力使球下旋，最后用手指推出篮球。

4

接住落下的球后，右脚向左前方迈步。

5

右脚蹬地起跳，左手勾手投篮。

教练提示

在练习此动作时，有两个要点：一是为了顺畅不间断地投篮，在接球时需要看准时机迈步后再进行投篮；二是在投篮时，上臂要贴近耳朵，竖直举起，落地时身体应正对着篮筐。

投篮的中级技术

麦肯上篮 2

扫描二维码看动作视频

场地 三秒区

简介 与麦肯上篮1相同，此练习也是为了提高勾手投篮的命中率。背对篮筐投篮时，难以判断篮筐的位置，为练习增加了不少难度。

右脚脚跟向上抬起。

1 双手持球，背对篮筐站立。

2 左脚向右前方迈步。

3 蹬地起跳，右手勾手投篮。

练习步骤

① 双脚分开，与肩同宽，双手持球，将篮球置于体前，背对篮筐站立。

② 左脚向右前方迈步，身体重心随之转移。

③ 左脚蹬地起跳，右腿向上抬起。同时右手持球，将篮球举过头顶，在旋转篮球的同时将球向篮筐投出。

练习步骤

④ 在篮球落下的过程中接球，将篮球置于体前，同时右脚向左前方迈步。

⑤ 右脚蹬地起跳，左腿向上抬起。左臂伸直，在旋转篮球的同时将球向篮筐投出。

知识点

使用场合

在篮筐下背对对方防守时，或抢得进攻篮板后，使用背对篮筐的勾手投篮非常有效。

右脚向左前方迈步。

4 接住落下的球后，右脚向左前方迈步。

5 右脚蹬地起跳，左手勾手投篮。

教练提示

背对着篮筐投球时，需要抬头，眼睛从上面看目标。刚开始练习时可能有一定的难度，可以先采用越过肩定位篮筐的方法，这样相对容易一些。先击中篮板会提高投篮的命中率，可以在练习中逐渐掌握击打篮板的投篮方式。

练习55 投篮预备站姿

扫描二维码看动作视频

重要度 ★★

难度水平 ★★★

场地 半场

简介 投篮预备站姿练习用于锻炼球员的反应能力，在接球时整个身体都应该做好准备，手肘弯曲，身体正对接球方向。

球员 A 左手呈接球姿势，右手触摸锥筒。球员 B 呈传球姿势，面向球员 A 站立。

练习步骤

① 球员 A 右脚在前，左脚在后，左手屈肘，掌心朝前呈接球姿势，右手指尖触摸锥筒，在罚球线处面向篮筐站立。球员 B 呈传球姿势，在篮筐下背对篮筐站立。

② 球员 B 将球传给球员 A，球员 A 双手接球，同时左脚向前，与右脚平行站立。

③ 球员 A 双脚蹬地起跳，双手将篮球举过头顶，右手在旋转篮球的同时将球投出。球员 B 在篮筐下准备接球。

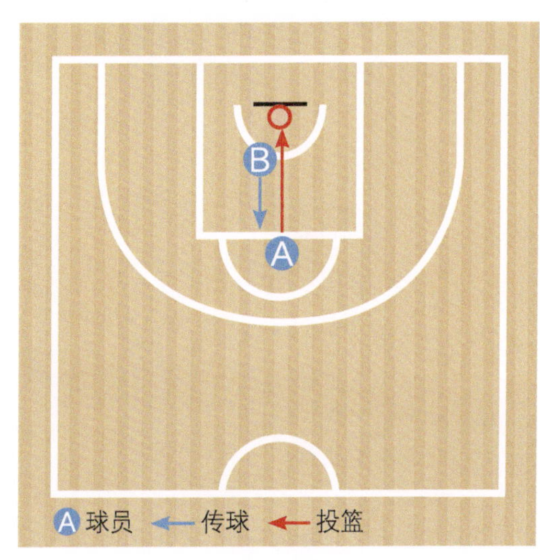

2

球员 B 将球传给球员 A。

3

球员 A 进行投篮，球员 B 在篮筐下准备接球。

练习56 单手跳投

重要度 ★★★★

难度水平 ★★★

场地 半场

简介 单手跳投可以用在面对防守球员阻拦时，先向身体右侧迈步，做出准备从右侧投篮的假动作，然后迅速回到左侧投篮，注意投篮时单手发力。

球员A双手持球与球员B面对面站立。

球员A右脚向右前方迈步，球员B积极防守。

右手手指用力投出篮球，左手只起到辅助支撑作用，不发力。
A
B
3

球员A收回右脚，同时双脚蹬地起跳，右手发力进行投篮。

练习步骤

①～② 两名球员面对面站立，球员A双手持球。接着右脚向右前方迈步，做出准备从右侧投篮的假动作，球员B调整身体积极防守。

③ 球员A迅速收回右脚，双脚蹬地起跳，右手发力进行投篮。球员B随之起跳，进行拦截。

练习57 篮筐下背身单打

重要度 ★★★

难度水平 ★★★

场地 三秒区

简介 篮筐下背身单打是指进攻球员背对篮筐，在篮筐下接球后，转身投篮的一种进攻方法，这是在篮筐下最容易成功投篮的一种打法。

扫描二维码看动作视频

球员A侧对球员B站立，向禁区线移动。

球员A跑至禁区线后，背对球员B。

球员A接住传球，双手持球，将篮球置于面前。

练习步骤

① 两人一组进行训练，球员A侧对球员B站立。球员B双脚分开比肩宽，双臂向两侧抬起，进行防守。

② 球员A跑至禁区线，背对球员B，举一侧手示意接球。球员B也上举一侧手，进行拦截。

③ 球员A双手接到传球，将球置于身前，背对球员B，球员B左手在体前与球员A保持距离。

球员 A 以左脚为轴，向左后方转体，面向球员 B，同时重心下移，准备投篮。

球员 A 双手持球将篮球举至头顶，起跳的同时进行投篮。

练习步骤

④ 球员 A 以左脚为轴，向左后方转体，面对球员 B 站立，重心下移，上体前倾，双手将篮球置于体前。

⑤ 球员 A 双手将篮球举至头顶，双脚发力，向正上方跳跃，将篮球向篮筐投出，球员 B 随之进行拦截。

投篮的中级技术

练习58 强行过人投篮

扫描二维码看动作视频

重要度 ★★

难度水平 ★★★

场地 不限场地

简介 强行过人投篮是指进攻球员通过合理冲撞防守球员，找到适合的角度进行投篮。

球员 A 侧对防守球员 B 站立。

球员 A 双手运球。

球员 A 收回右脚，准备投篮。

球员 A 跳到最高点时进行投篮。

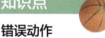

练习步骤

① 球员 A 双脚开立，双手持球置于面前，侧对球员 B 站立。球员 B 双脚分开，上抬左手，进行防守。

② 球员 A 上身前倾，双手向下运球。

③ 接球起身的同时，球员 A 通过合理冲撞收回右脚，双手将球移至面前，重心下移。

④ 球员 A 双手将篮球举至头顶，向正上方跳跃，将篮球向篮筐投出。

知识点

错误动作

注意用手臂顶对方是犯规行为。

练习59 通过假动作和提速投篮

扫描二维码看动作视频

重要度 ★★★

难度水平 ★★★

场地 不限场地

简介 此练习是指在面对防守球员阻拦时，进攻球员先在原地做一个准备投篮的假动作，然后迅速运球至篮筐下，进行投篮。

球员 A 做出要投篮的假动作。

球员 A 左脚迅速向前迈步。

球员 A 准备投篮。

球员 A 跳到最高点时进行投篮。

练习步骤

① 球员 A 双脚分开，双手将球移至头顶，重心上移，做出将要投篮的假动作。球员 B 双脚跳起，上抬右手进行拦截。

② 趁球员 B 跳起时，球员 A 左脚向前迈步，同时右手持球，向下运球。

③ 球员 A 右脚向前跟进一步，双手持球，将篮球置于胸前。

④ 球员 A 双手将篮球举至头顶，向正上方跳跃，将篮球向篮筐投出。

在球员 A 投篮时，注意球员 B 与球员 A 的身体接触。

练习60 蒂姆·邓肯练习

重要度 ★★★

难度水平 ★★★

场地 不限场地

简介 蒂姆·邓肯练习是指球员平躺在地面上，双手将球向上投出。通过此练习可以使球员对球有良好的掌控。

1 平躺在地面上，双手将篮球向上举起。

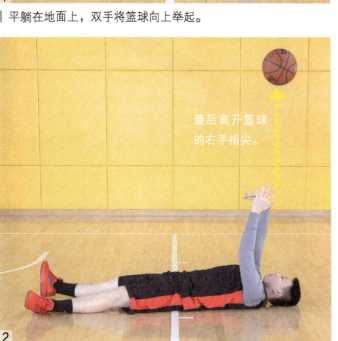

最后离开篮球的右手指尖。

2 右手用力抛出篮球。

练习步骤

① 球员平躺在地面上，双脚自然分开。双手将篮球向上举起，头部置于球的下方。为了保持对球的掌控，将球放在手指和指尖上，不接触手掌，手指张开。

② 向上将篮球投出，投球时右臂伸直，手腕用力拨球，球出手后保持后续动作，直到球落回到球员手中。

知识点

动作要求

右手为投球手，注意肘部不要过于向外，手腕要在投球线上。左手为支撑手，不发力。

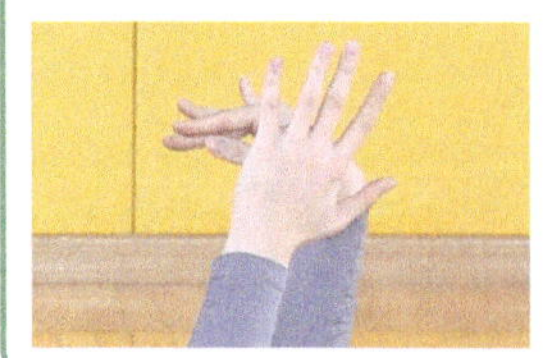

三分球投篮

扫描二维码看动作视频

重要度 ★★★

难度水平 ★★★

场地 三分区

简介 三分球投篮是指篮球比赛中，球员站在三分线外投篮。注意起跳时双脚要在三分线以外，不可踩线，落地时可以在三分线以内。

球员 A 将球置于体前，球员 B 进行防守。

练习步骤

① 球员 A 右脚在前，左脚在后，膝盖弯曲，重心下移，双手持球置于体前。球员 B 双脚分开，右手向上抬起，面对球员 A 站立。

② 球员 A 将球举至头顶，双脚发力，向正上方跳跃，将球向篮筐投出，球员 B 随着跳起，伸直右臂进行阻拦。

球员 A 将篮球举至头顶，在跳到最高点时，投出篮球。

投篮的中级技术

练习62 上反篮

扫描二维码看动作视频

重要度 ★★★

难度水平 ★★★★

场地 三秒区

简介 上反篮是指在篮筐下投篮时，有防守球员在身体一侧阻拦，持球球员在投篮的瞬间迅速改变方向，在篮筐另一侧进行投篮。

练习步骤

① 在篮筐一侧，球员重心下移，左脚向前迈步，双手将篮球置于身体左侧。

② 右脚向前迈步，篮球随之移动到体前。

③ 右脚落地的同时，右手持球，在投篮的瞬间将球移至左手，向上举起抛出，完成在篮筐另一侧进行投篮。

在篮筐一侧，左脚向前迈步，将篮球置于身体左侧。

右脚向前迈步，篮球随之移动到体前。

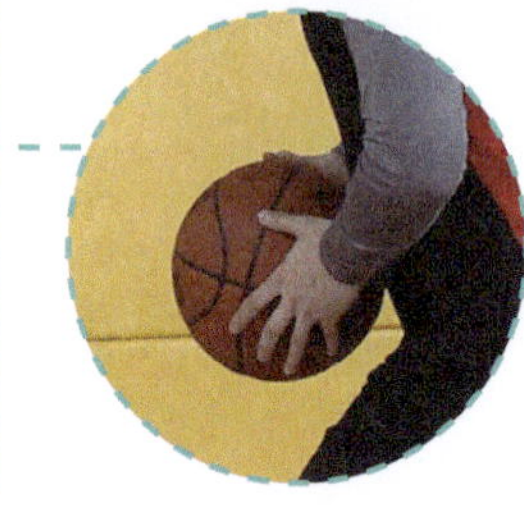

双手掌心相对持球，篮球随着身体移动。

起跳，变成在篮筐另一侧，跳到最高点的同时将篮球投出。

第 4 章 投篮的高级技术

在篮球比赛中，要想在面对对方的严密防守时也能投篮得分，就需要熟练掌握投篮的高级技术。通过训练从不同的方位、角度进行投篮，以及躲避对方的防守，在比赛中球员投篮的命中率能得到飞跃式的提高。

重要度 ★★★

练习 63

抛投

扫描二维码看动作视频

难度水平 ★★★★

场地 半场

简介　抛投是一种高抛物线的投篮方式，球员将篮球抛出的高度高于防守球员手臂能触及的高度形成投篮。抛投对于身材矮小的球员是一个得分利器。

1 运球或接球后双手持球，右脚向前迈步。

2 左脚向前迈步，篮球随之向左移动。

3 左脚蹬地，在跳到最高点的同时将篮球投出。

练习步骤

①～② 运球或接球后，双手持球，右脚向前迈步，接着左脚向前迈步，篮球随之移动到身体左侧。

③ 左脚落地的同时，蹬地发力，向上起跳，右手将球向上举起抛出，完成投篮，投篮抛物线最高点应达到篮板顶端的高度。

篮板球后转身勾手上篮

难度水平 ★★★★

三秒区

扫描二维码看动作视频

简介 此练习是指球员在篮筐下，向身体斜后方迈出一步，并立刻向后转身，迅速蹬地起跳投篮。

以左脚为轴，向左后方转体。

1 双手持球，面对篮筐站立。

2 左脚向左后方迈步。

3 以左脚为轴，身体随之向左后方转体。

练习步骤

① 双脚分开，与肩同宽，双手持球，将篮球置于体前，面向篮筐站立。

② 左脚向左后方迈步，同时身体随之左转。

③ 以左脚为轴，继续向左后方转体，篮球随着身体向后移动。

练习步骤

④ 转体后，侧对篮筐，右手掌心朝上持球，将篮球向上举起，重心落于左脚，保持平稳。

⑤ 左脚蹬地发力，向上起跳，右腿抬起。双眼注视篮筐，右臂伸直，在旋转篮球的同时将球向篮筐投出。

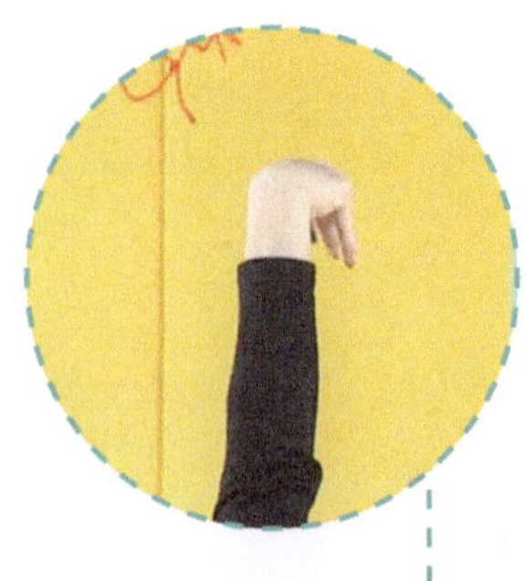

投篮时手臂伸直，利用腕力使球下旋，手指用力投出篮球。

4 转体后侧对篮筐，右手将篮球向上举起。

5 在跳跃到最高点时投出篮球。

起跳时，右腿向上抬起。

教练提示

转身时要求动作迅速，保持身体重心平稳。转身后立即上篮，要尽量跳高，上身自然旋转，使球下旋投出，注意落地后身体和双脚脚尖要正对篮筐。

后转身运球到尖位执行跳投

重要度 

难度水平 

场地 不限场地

扫描二维码看动作视频

简介　后转身运球到尖位执行跳投是指进攻球员在使用试探步假动作没有成功突破防守时，运用后转身绕过防守进行跳投。练习时要注意在转身时保持身体平衡。

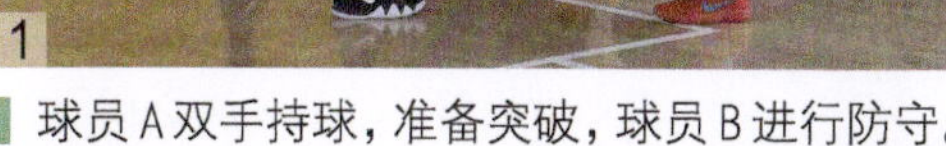

球员 A 双手持球，准备突破，球员 B 进行防守。

球员 A 右脚向左前方迈步，同时左手运球。

球员 B 紧跟防守，球员 A 左手接球。

练习步骤

① 两人一组进行训练，球员 A 双脚分开，双手持球置于体前。球员 B 双臂向两侧抬起，面对球员 A 站立，进行防守。

② 球员 A 右脚收回的同时向左前方迈步，左手向下运球。

③ 球员 B 紧跟防守，进行阻拦，球员 A 左手接球。

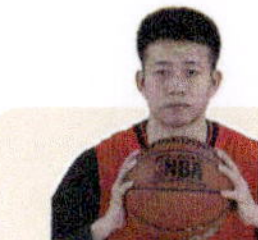

教练提示

在防守球员距离较近时，进攻球员用非持球手在体前护球，持球手保持运球，观察时机进行转体。

球员 A 以右脚为轴，向左后方转体。

球员 A 运球，背对球员 B。

练习步骤

④ 球员 A 向左后方转体。球员 B 左脚向前迈步，紧跟球员 A 进行阻拦。

⑤ 球员 A 向左后方转体的同时左手继续运球，球员 B 右脚向前迈步，面对球员 A 背面。

⑥ 转体后，球员 A 面对篮筐，双手持球将篮球举至头顶，双腿发力，向正上方跳跃，在跳到最高点时投出篮球。

知识点

动作要求

在转体时，为了能够快速精准地投篮，注意两膝之间距离不要过大，以保持好身体的平衡。

球员 A 双手持球将篮球举至头顶，双脚发力向上跳起，投出篮球。

练习 66

重要度 ★★★

难度水平 ★★★★

快速推进运球转身上篮

场地 半场

扫描二维码看动作视频

简介 快速推进运球转身上篮是指球员快速运球至篮筐下，在面对防守球员进行阻拦时，迅速向后转身，突破防守上篮。

球员 A 双手持球，在罚球线处面向篮筐站立。球员 B 侧对篮筐站立，进行防守。

球员 A 快速向前运球，球员 B 紧跟防守。

练习步骤

① 两人一组进行训练，球员 A 左脚在前，右脚在后，膝盖弯曲，重心下移，双手将篮球置于身体左侧，在罚球线处面向篮筐站立。球员 B 双脚分开，右手抬起，侧对篮筐站立，进行防守。

② 球员 A 快速向前运球，球员 B 紧跟防守。

球员 A 运球至篮筐下，球员 B 紧跟球员 A，进行阻拦。

练习步骤

③ 球员 A 运球至篮筐下，球员 B 紧紧跟随球员 A，阻拦其投篮。

④ 球员 A 双手持球，将篮球置于体前，同时向左后方转体。

⑤ 转体后，球员 A 双脚蹬地跳起，右手持球，将篮球举过头顶，在旋转篮球的同时将球投出。球员 B 右臂上举，进行拦截。

球员 A 双手持球，向左后方转体。

知识点

动作要求

转身动作要迅速，转身后立即上篮，注意起跳要尽量高，腰部有意识地向上提起，在跳到最高点的同时，手指用力旋转篮球，并将球投出。

转体后，球员 A 双脚蹬地起跳，在跳到最高点时投出篮球。

练习67 锥筒辅助行进间抛投

重要度 ★★★

难度水平 ★★★★

场地 半场

扫描二维码看动作视频

简介　此练习可以使球员掌握在不同的距离下投篮的技术，熟练控制手部力度，提高投篮的命中率。

球员 A 在第一个锥筒处面向篮筐站立。球员 B 在篮筐下准备接球。

球员 A 双脚蹬地跳起，在跳到最高点时投出篮球。

练习步骤

① 球员 A 双脚分开，与肩同宽，重心下移，双手将篮球置于体前，在第一个锥筒处面向篮筐站立。球员 B 在篮筐下准备接球。

② 球员 A 双脚蹬地跳起，双手将篮球举过头顶，右手在旋转篮球的同时将球投出。

知识点

动作要求

抛投时注意，用蹬地的力量向上跳起，跳起的高度不要太高，然后双手呈投篮姿势迅速将球抛出。应注意速度和身体的协调性。

球员 B 接住落下的篮球，球员 A 向前移动至第二个锥筒位置，准备接球。

球员 B 将球传给球员 A，球员 A 接球后继续投篮。重复动作，依次完成 3 个锥筒位置的投篮。

练习步骤

③ 投篮后，球员 B 接住落下的篮球，双手持球，转向球员 A。球员 A 向前移动至第二个锥筒位置，双手掌心朝前，准备接球。

④ 球员 B 将球传给球员 A，球员 A 接球后继续投篮。重复动作，依次完成 3 个锥筒位置的投篮。

练习68 行进间抛投1对1

重要度 ★★★

难度水平 ★★★★

场地 半场

简介　此练习可在面对防守球员试图保护篮筐、阻止进攻球员上篮或者扣篮时使用，进攻球员应该利用这项技术，在到达篮筐之前完成抛投。

扫描二维码看动作视频

1 两名球员背靠背站在两个锥筒之间。

2 球员B跑向篮筐下的锥筒，球员A向罚球圈的锥筒方向运球前进。

两名球员到达锥筒位置后，伸手触摸锥筒，然后转身。

跑回起始位置后，球员 A 进行抛球，球员 B 进行拦截。

练习步骤

① 两名球员背靠背站在两个锥筒之间，球员 A 左手持球，球员 B 无球。

② 球员 B 跑向篮筐下的锥筒，球员 A 向罚球圈的锥筒方向运球前进。

③ 两名球员到达锥筒位置后，伸手触摸锥筒，然后转身。

④ 迅速跑回起始位置，球员 A 蹬地起跳，右手将篮球举过头顶，进行抛投，球员 B 随着向上跳起，上抬右手，进行拦截。

重要度 ★★★★

难度水平 ★★★★

场地 半场

练习69 凯文·伊斯特曼投篮

扫描二维码看动作视频

简介 此练习可以帮助球员在接球时减速，提醒球员在拿到球时身体稍稍下沉，在移动投篮时控制身体重心。

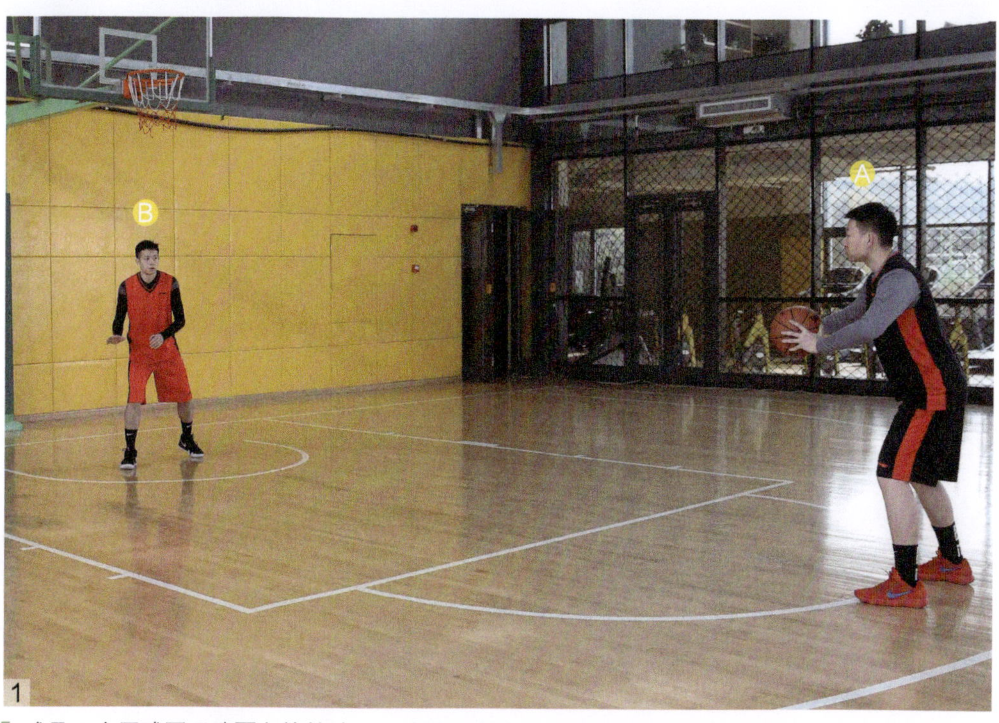

球员A在罚球圈顶端面向篮筐站立，球员B在篮筐下背对篮筐站立。

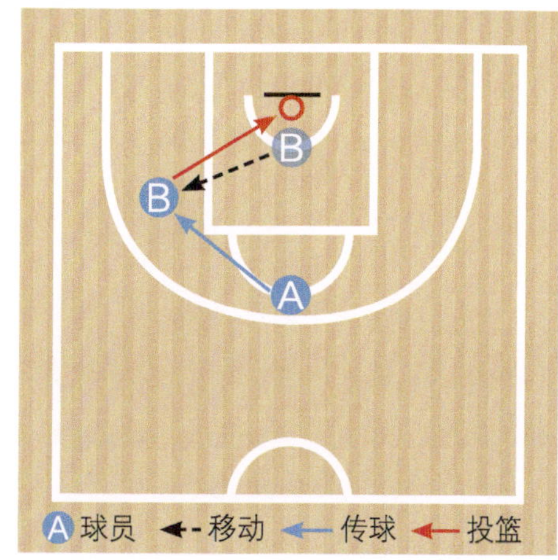

练习步骤

① 两人一组进行练习，球员A双脚分开，与肩同宽，双手将篮球置于胸前，在罚球圈顶端面向篮筐站立。球员B双脚分开，双手置于体前，在篮筐下背对篮筐站立。

球员 B 跑到侧翼右侧后，球员 A 将球传给球员 B。

球员 B 接球后，转身面向篮筐，进行投篮。

练习步骤

② 球员 B 从篮筐下跑向侧翼右侧，球员 A 将球传给球员 B，球员 B 掌心相对，双手接球。

③ 接球后，球员 B 面向篮筐，双脚蹬地起跳，将篮球举过头顶，顺势投出篮球。

双手向前伸，掌心朝下置于体前。

练习70 侧翼、底角投篮

重要度 ★★★

难度水平 ★★★★

场地 半场

简介 此练习是两名球员在底角和侧翼进行中距离投篮的练习。投篮球员在训练时应始终保持低重心运动姿态。

扫描二维码看动作视频

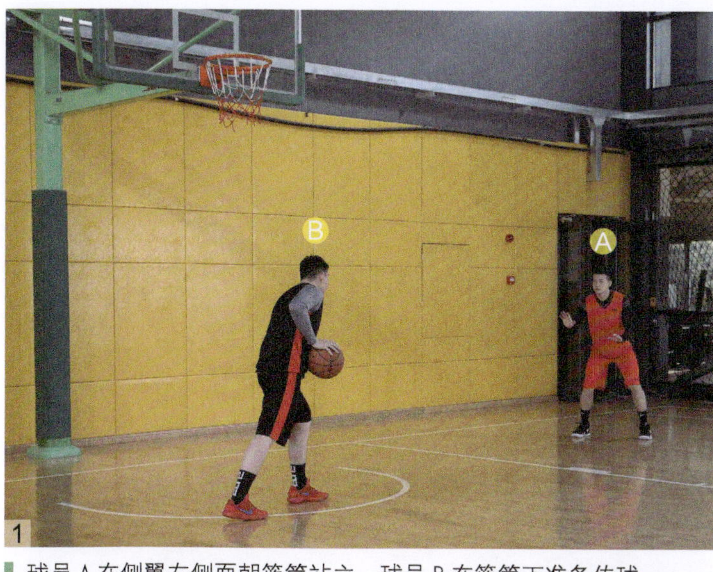

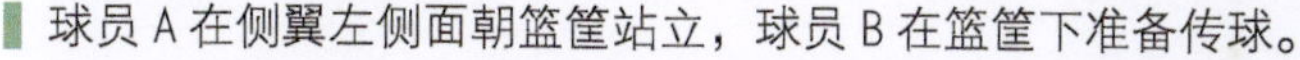

球员 A 在侧翼左侧面朝篮筐站立，球员 B 在篮筐下准备传球。

球员 A 接球后，进行投篮，球员 B 准备接住从篮筐落下的篮球。

练习步骤

① 球员B持球，在篮筐下侧身站立准备传球。球员A呈接球姿势，在侧翼左侧面朝球员B站立。

② 球员B将球传给球员A，球员A接球后双脚蹬地起跳，向篮筐投出篮球。

练习71 快速实战投篮

重要度 ★★★★

难度水平 ★★★★

场地 半场

简介 快速实战投篮模拟了实际比赛的场景，加快了传球与投篮速度，传球位置的球员应该在投篮球员投完一个跳投的下降时就完成传球。

扫描二维码看动作视频

球员A在1号锥筒位置持球站立，球员B在2号锥筒位置呈接球姿势，球员C在篮筐下持球站立。

球员A将球传给球员B，接着球员C立即传球给球员A。

练习步骤

① 3名球员一组进行训练，球员A双手持球在1号锥筒位置面朝球员B站立，球员B呈接球姿势在2号锥筒位置站立，球员C双手持球在篮筐下面朝球员A站立。

② 球员A将球传给球员B，然后立即转向球员C，接球员C的传球。

球员 A 接住传球，球员 B 向篮筐投篮。

球员 C 接住从篮筐落下的篮球，移动到原球员 A 的位置。球员 A、B 则朝原球员 B、C 的位置移动。

练习步骤

③ 球员 A 接住球员 C 的传球，球员 B 将球向篮筐投出。

④ 球员 C 接住从篮筐落下的篮球，3 名球员按照逆时针方向向下一个球员的位置移动。

教练提示

保持球员传球、投篮的动作连贯流畅，球员完成投篮后迅速移动到下一个球员的位置。

到达各自位置后，球员 A 将球传给球员 B，然后呈接球姿势面向球员 C。

球员 A 接住球员 C 的传球，球员 B 右手运球。

练习步骤

⑤ 3 名球员到达各自位置后，球员 A 将球传给球员 B，然后球员 A 面向球员 C 呈接球姿势，准备接球。

⑥ 球员 A 接住球员 C 的传球，球员 B 右手持球，向下运球。

练习72 椅上投篮

扫描二维码看动作视频

重要度 ★★

难度水平 ★★★★

场地 三秒区

简介 椅上投篮是指球员坐在椅子上进行投篮。由于降低了高度，使投篮的难度增加了，所以需要控制好手部力度。

双手持球，坐在靠近篮筐位置的椅子上。

双手将球举至头顶，右手用力投出篮球。

练习步骤

① 双手持球，将篮球置于体前，坐在靠近篮筐位置的椅子上。

② 双手将球举至头顶，左手为支撑手，不用力，右手为投篮手，手臂伸直，顺势投出篮球。

知识点

动作要求

投篮时，要沿着投篮抛物线投出球，需要把握好球与篮筐之间的距离。投篮距离的调整要靠手指的用力程度，所以为了准确地投篮，要多加练习。

练习73 接球后交叉步投篮

重要度 ★★★

难度水平 ★★★★

场地 不限场地

简介 此练习是指进攻球员在面对防守球员阻拦时，利用脚步的交换来突破防守，然后进行投篮。

扫描二维码看动作视频

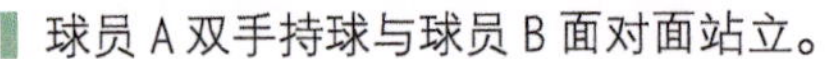

球员A双手持球与球员B面对面站立。

球员A右脚向右前方迈步，球员B积极防守。

球员A收回右脚，同时向左前方迈一大步，左手运球，突破防守。

练习步骤

① 两名球员面对面站立，球员A双脚自然分开，双手将篮球置于身体左侧。球员B双臂张开进行防守。

② 球员A右脚向右前方迈步，做出准备从右侧投篮的假动作，调整身体积极防守。

③ 球员A迅速收回右脚，并迅速向左侧突破。

球员 A 右脚向前迈步的同时，双脚向前跳，到达篮筐下，准备投篮。

球员 A 双脚蹬地起跳，进行投篮。球员 B 随之起跳，进行拦截。

练习步骤

④ 球员 B 追随球员 A 到篮筐下，球员 A 右脚向前迈步的同时，双脚向前跳，然后重心下移，双手将篮球举至面前，准备投篮。

⑤ 球员 A 双脚蹬地起跳，将篮球举过头顶，顺势投出篮球。球员 B 随之起跳，上抬右手进行拦截。

投篮的高级技术

练习74 接球后开步投篮

重要度 ★★★★

难度水平 ★★★★

场地 不限场地

简介 接球后开步投球是指在接球后，球员沿一侧用同侧脚迈步向前突破的技术。当对方进行防守时，进攻球员通过身体的速度突破对方防守。

扫描二维码看动作视频

1 球员 A 侧对球员 B 站立。

2 球员 A 双手抬起置于胸前，准备接球。

3 球员 B 跟在球员 A 身后防守，球员 A 双手接球。

4 球员 A 右脚右迈，向后转体，面对球员 B。

练习步骤

① 球员 A 左脚在前，右脚在后，重心下移，侧对球员 B 站立。球员 B 双脚分开，双手向两侧抬起，进行防守。

② 球员 A 右脚向前迈步，同时双手掌心朝前，准备接球。

③～④ 球员 B 跟随球员 A 向前迈步，球员 A 接到球后，以左脚为轴向左后方转体，面对球员 B。

教练提示

转体时始终双手持球，将篮球置于体前，保持重心平稳，防止篮球被防守球员抢断。

球员 A 左脚不动，右脚再向前迈步，同时右手运球。

练习步骤

⑤ 接着球员 A 右脚迅速向前迈步，向左转体，向下运球。

⑥ 球员 A 双脚继续向前迈步，到达肘区附近，面向篮筐，双手将篮球举至头顶，重心下移，准备投篮。

⑦ 球员 A 双脚蹬地起跳，双手将篮球举至头顶，在跳到最高点时，手指用力投出篮球。

到达肘区附近，球员 A 重心下移，准备投篮。

球员 A 双脚蹬地起跳，进行投篮。

练习 75

挡拆后制造空位投篮机会

重要度 ★★★★

难度水平 ★★★★★

场地 半场

扫描二维码看动作视频

简介 此练习是指持球球员向掩护球员的方向移动，使防守球员互换，待两名防守球员一同阻拦持球球员时，将球传给掩护球员进行投篮。

球员A双手持球，球员B呈防守姿势，在罚球圈附近站立。球员C与球员D在另一侧肘区附近站立。

球员A左手持球，左脚向左侧迈步，同时向左转体，球员C向前移动，掩护球员A。

球员 C 阻拦球员 B 的防守，球员 A 运球前进。

球员 D 呈防守姿势，阻拦球员 A。

练习步骤

① 球员 A 与 C 是进攻球员，B 与 D 是防守球员。球员 A 与球员 B 面对面站在罚球圈附近，球员 A 双手持球，将篮球置于身体右侧，球员 B 双手向两侧抬起，呈防守姿势。球员 C 与球员 D 在另一侧肘区附近站立。

② 球员 A 左脚向左侧迈步，身体随之向左转体，左手持球。球员 C 跑向球员 A，为其做掩护。

③ 球员 A 右脚向前迈步，同时左手向下运球，球员 C 跑到球员 B 面前，阻拦球员 B 的防守。

④ 球员 A 左脚向前跟进一步，左手接球，到达球员 D 面前，球员 D 呈防守姿势。

球员 B 跑到球员 A 面前，进行防守，球员 C 移动至肘区位置，球员 A 将球传给球员 C。

球员 C 接球后，进行投篮。

练习步骤

⑤ 趁球员 B 跑向球员 A 进行防守时，球员 C 迅速移动至肘区位置。球员 A 向右转体，将球传给球员 C。

⑥ 球员 C 接球后，双脚蹬地起跳，在跳到最高点时，手指用力投出篮球，球员 D 转身进行拦截。

重要度 ★★★★

难度水平 ★★★★★

练习 76 手递手传球后挡拆投篮

场地 半场

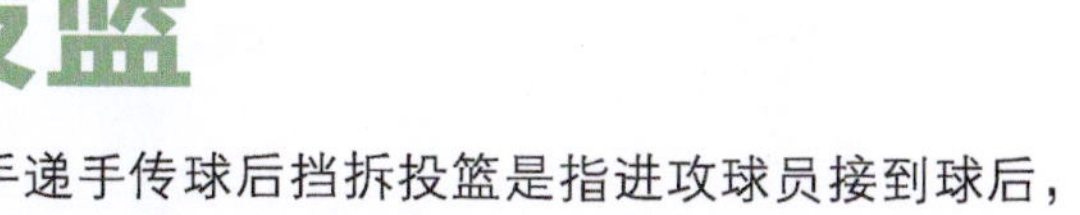

扫描二维码看动作视频

简介 手递手传球后挡拆投篮是指进攻球员接到球后，在队友向其移动的过程中将球递给队友，队友在接球后迅速进行投篮。

1 球员 A 与球员 B 在肘区附近站立，球员 C 与球员 D 在近底角附近站立。

练习步骤

① 球员 A 与 C 是进攻球员，B 与 D 是防守球员。球员 A 与球员 B 在肘区附近站立，球员 A 左脚在前，右脚在后，双手自然置于身体两侧，呈防守姿势。球员 C 双脚分开，面向球员 A 在近底角附近站立，球员 D 进行防守。

投篮技术概述
投篮的基础技术
投篮的中级技术
投篮的高级技术

球员 C 移动至罚球线位置，接住传球，球员 D 随之移动，进行防守。

球员 A 跑向球员 C，接住球员 C 手中的篮球后，进行投篮。

练习步骤

② 球员 C 移动至罚球线位置，双手接住传球，将篮球置于身体右侧，球员 D 随之移动，进行防守。

③ 球员 A 跑向球员 C，接住球员 C 递过来的篮球后双脚蹬地起跳，手指用力投出篮球，球员 D 随之起跳，上举右手进行拦截。

知识点

动作要求

手递手传球时，接球动作要迅速，进攻球员在接球后迅速面向篮筐，进行投篮，防止被防守球员阻拦。

投篮的高级技术

手递手假传上篮

重要度 ★★★

难度水平 ★★★★

场地 半场

简介 此练习是指进攻球员接到球后，在队友向其移动的过程中，做出准备要将球递给队友的假动作，从而避开防守进行投篮。

球员 A 与球员 B 在肘区附近站立，球员 C 与球员 D 在近底角附近站立。

球员 C 与球员 D 移动至罚球线位置，球员 C 接住传球，球员 A 与球员 B 向前移动。

练习步骤

① 球员 A 与 C 是进攻球员，B 与 D 是防守球员。球员 A 与球员 B 在肘区附近站立，球员 A 左脚在前，右脚在后，双手自然置于身体两侧，球员 B 双手向两侧抬起，呈防守姿势。球员 C 面向球员 A 在近底角附近站立，球员 D 进行防守。

② 球员 C 与球员 B 移动至罚球线位置，球员 C 双手接住传球，将篮球置于身体右侧。接着球员 A 向前移动，同时双手向上抬起，做出准备接球的假动作，球员 B 上抬右手进行阻拦。

球员 C 绕过球员 A，转身面向篮筐。

球员 C 运球至篮筐下，进行投篮。

练习步骤

③ 当球员 A 到达球员 C 面前时，球员 C 双手持球，绕过球员 A，同时右脚向左前方迈步，转身面向篮筐。

④ 球员 C 运球至篮筐下，双脚蹬地起跳，右手用力投出篮球，球员 D 跟随防守。

教练提示

手递手传球时的假动作，可以误导防守球员以为要传球给另一名球员，从而放松对持球球员的防守。

投篮的高级技术

重要度 ★★★★

难度水平 ★★★★

练习78 内切后接球投篮

场地 半场

简介 内切后接球投篮是指进攻球员配合持球球员的位置移动，当防守球员集中防守持球球员时，进攻球员快速跑到禁区线内侧，接住持球球员的传球，进行投篮。

扫描二维码看动作视频

球员 A 持球在三分线外面站立，球员 B 呈防守姿势，球员 C 背对球员 D 在禁区线附近站立。

球员 A 运球前进，球员 B 与球员 D 上前阻拦，球员 C 移动到禁区线内侧。

练习步骤

① 球员 A 与 C 是进攻球员，B 与 D 是防守球员。球员 A 双手持球，面对篮筐在三分线外站立，球员 B 呈防守姿势。球员 C 背对球员 D 在禁区线附近站立。

② 球员 A 右手持球，运球前进，球员 B 与球员 D 上前阻拦，球员 C 移动到禁区线内侧。

球员 B 与球员 D 防守球员 A，球员 C 呈接球姿势。

球员 A 将球传给球员 C。

练习步骤

③ 球员 A 继续运球前进，球员 B 双手向两侧抬起在球员 A 身后防守，球员 D 双手向上举起在球员 A 身前防守，球员 C 呈接球姿势。

④ 球员 A 将球传给球员 C，球员 C 双手接球。

⑤ 接球后，球员 C 双脚蹬地起跳，右手用力投出篮球。球员 D 转身移动至篮筐下防守。

知识点

传球要求

面对防守球员阻拦时，持球球员要注意篮球传出的高度要高于防守球员，防止被拦截。

球员 C 接球后，进行投篮。

练习79

突破分球后投篮

重要度 ★★★★★

难度水平 ★★★★

场地 三秒区

简介 此练习是指在篮下得分困难时，进攻球员可以有目的地将对方球员吸引到篮筐下，缩小对方的防守区域，然后将球传给无人防守的接应球员。

扫描二维码看动作视频

1 球员 A 持球在三分线外站立，球员 B 呈防守姿势，球员 C 背对球员 D 在禁区线附近站立。

2 球员 A 运球至篮筐下，球员 B 与球员 D 上前阻拦，球员 C 移动到禁区线外侧。

练习步骤

① 球员 A 与 C 是进攻球员，B 与 D 是防守球员。球员 A 双手持球，面对篮筐在三分线外站立，球员 B 呈防守姿势。球员 C 背对球员 D 在禁区线附近站立。

② 球员 A 左手持球，运球至篮筐下，球员 B 与球员 D 上前阻拦，球员 C 移动到禁区线外侧。

球员 A 将球传给球员 C。

球员 C 接球后，进行投篮。

练习步骤

③ 球员 A 将球传给球员 C，球员 C 双手接球，重心下移，准备投篮，球员 D 上抬右手，转身跑向球员 C。

④ 球员 C 双脚蹬地起跳，在跳到最高点时，手指用力投出篮球，球员 D 随之起跳，进行拦截。

教练提示

这种突破分球的战术不是为了篮下得分，而是为了给队员创造中远距离投篮或空切上篮的机会。

重要度 ★★★

难度水平 ★★★★

后有防守球员追防的快速推进运球上篮

场地 半场

简介 此练习是指进攻球员在有防守球员在身后追防的情况下，快速运球上篮。通过此练习可以提高球员的灵活度、敏捷性和投篮命中率。

右手运球

投篮技术概述

投篮的基础技术

投篮的中级技术

投篮的高级技术

练习步骤

① 两人一组进行训练，球员 A 面向篮筐持球，球员 B 跟在球员 A 身后防守。

② 球员 A 运球快速向前推进，球员 B 紧跟防守。

③ 球员 A 蹬地起跳，右手持球上篮，球员 B 右臂上举，进行拦截。